小学 **6** 年生

英語に

ぐーんと

強くなる

学習指導要領対応

KUM☺N

# → CONTENTS

この本の特長と使い方 ・・・・・・・・・・・・・・・・・・・・・・・・・ 4

### ◆ 復習：アルファベットと単語

レッスン **1**　アルファベット① ・・・・・・・・・・・・・・・ 6
レッスン **2**　アルファベット② ・・・・・・・・・・・・・・・ 8
レッスン **3**　食べ物・飲み物／果物・野菜 10
レッスン **4**　スポーツ／動物 12
レッスン **5**　文ぼう具／動作 14
レッスン **6**　数字 16
レッスン **7**　教科 18
レッスン **8**　英文の書き方／英語の文の語順 ・・・・・ 20
まとめ問題①　レッスン1〜8 ・・・・・・・・・・・・・・・ 22

### ◆ 自己紹介

レッスン **9**　好きなこと・好きではないこと ・・・・・・・ 24
レッスン **10**　得意なことを伝えよう① 26
レッスン **11**　得意なことを伝えよう② 28
レッスン **12**　誕生日を伝えよう ・・・・・・・・・・・・・・ 30
レッスン **13**　いちばん好きなものを伝えよう ・・・・・ 32
レッスン **14**　出身地をたずねあおう ・・・・・・・・・・・・・ 34
まとめ問題②　レッスン9〜14 ・・・・・・・・・・・・・ 38

### ◆ 日常生活

レッスン **15**　何時に起きる？ ・・・・・・・・・・・・・・・・・ 42
レッスン **16**　何曜日に何をする？ 46
レッスン **17**　習慣をたずねよう 50
まとめ問題③　レッスン15〜17 ・・・・・・・・・・・ 54

### ◆ 国や町の紹介

レッスン **18**　自分の町を紹介しよう 56
レッスン **19**　町で楽しめることを伝えよう ・・・・・・・ 58
レッスン **20**　季節の行事について話そう ・・・・・・・・・ 60
まとめ問題④　レッスン18〜20 ・・・・・・・・・・・ 62

◆ 思い出を話そう

| レッスン**21** | 夏休みはどこに行った？ | 64 |
| レッスン**22** | 昨日何をした？ | 66 |
| レッスン**23** | 昼食は何を食べた？ | 68 |
| レッスン**24** | いちばんの思い出は？ | 70 |
| レッスン**25** | 学校生活で何をした？ | 72 |
| レッスン**26** | どんなものを見た？ | 74 |
| レッスン**27** | 感想を言ってみよう | 76 |
| まとめ問題⑤ | レッスン21〜27 | 78 |

◆ これからのこと

| レッスン**28** | 入りたい部活をたずねよう | 80 |
| レッスン**29** | 中学でやりたいこと | 84 |
| レッスン**30** | なりたい職業をたずねよう | 86 |
| まとめ問題⑥ | レッスン28〜30 | 90 |

| まとめのテスト① | 92 |
| まとめのテスト② | 94 |

| 小学英語の総まとめ① | 96 |
| 小学英語の総まとめ② | 98 |

## 特集ページ

| ◆ 自分のことをまとめて書く・言う | 40 |
| ◆ コラム のぞいてみよう 英語の世界 | |
| スマホがあれば英語を勉強しなくてもいいの？ | 100 |
| ◆ コミュニケーションで役立つ表現 | 102 |

# この本の特長と使い方

この本では，小学6年生の英語でよく出てくる表現や単語を
音声といっしょにくり返し練習します。

各レッスンで学ぶ英語表現は，自然な場面と会話の中で出てくるので，
自分が実際に使うことを意識しながら学習を進めることができます。
1回のレッスンは，学ぶ英語表現が対話の場合は2見開き（4ページ），
対話でなければ1見開きです。

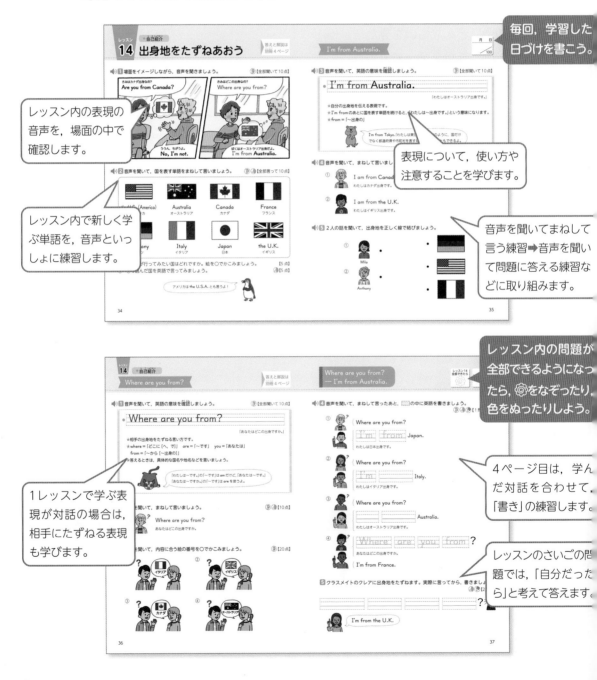

毎回，学習した
日づけを書こう。

レッスン内の表現の
音声を，場面の中で
確認します。

レッスン内で新しく学
ぶ単語を，音声といっ
しょに練習します。

表現について，使い方や
注意することを学びます。

音声を聞いてまねして
言う練習➡音声を聞い
て問題に答える練習な
どに取り組みます。

レッスン内の問題が
全部できるようになっ
たら，◎をなぞったり，
色をぬったりしよう。

4ページ目は，学ん
だ対話を合わせて，
「書き」の練習します。

1レッスンで学ぶ表
現が対話の場合は，
相手にたずねる表現
も学びます。

レッスンのさいごの問
題では，「自分だった
ら」と考えて答えます。

小学校の英語でもっとも大切な「聞く」をメインに，やさしいところからていねいなステップで無理なく学習し，「話す」につながる力を身につけます。

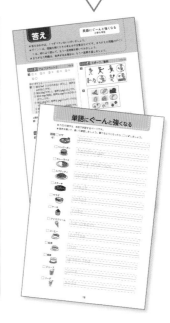

クアッカワラビー

フクロウモモンガ

フェアリーペンギン

レッスン数回ごとに，「まとめ問題」があります。
学んだ表現や単語を使った会話を聞いて答える問題や，
自分だったらどうかを考えながら英語でたずねたり答えたりする
問題などに取り組みます。

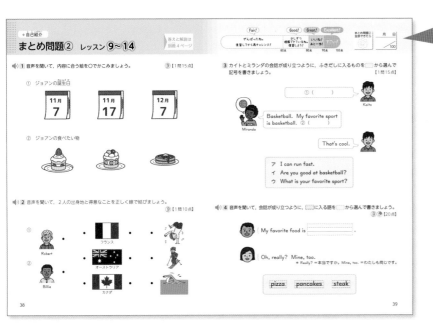

・1回で100点にできなくても大丈夫！
答えや解説をしっかり読んで，音声も聞き直そう。
・100点になったら，🌼 をなぞったり，色をぬったりしよう。

別冊には，ふろくで「単語にぐーんと強くなる」のページがあります。レッスンに出てきた英単語を書いて練習したいときに使いましょう。

🔊 があるところは，音声を聞きましょう。

## 音声の聞き方

**1** 音声アプリきくもん  アプリをダウンロード

❶くもん出版のガイドページにアクセス
❷指示にそって，アプリをダウンロード
❸アプリのトップページで
『小学6年生　英語にぐーんと強くなる』を選ぶ
※初回に必要なシリアルコード
【9784774333663】

＊きくもんアプリは無料ですが，ネット接続の際の通話料金は別途発生いたします。

**2** くもん出版のサイトから，音声ファイルをダウンロードすることもできます。

◆復習：アルファベットと単語

# アルファベット①

🔊 **1** A〜Qまで，音声を聞いて，まねして言いましょう。そのあと，うすい字をなぞってから，自分で書いてみましょう。 👂👄✍【全部書いて100点】

| 大文字 | 小文字 |
|---|---|

A A

a a

B B

b b

C C

c c

D D

d d

E E

e e

↓E❷と書いてもいいよ。

F F

f f

↓F❷と書いてもいいよ。

G G

g g

Gのように，2画目を曲げないこともあるよ。

H H

h h

I I

→②
①↓I と書いてもいいよ。

i i

J J

j j

K K

k k

L L

l l

M M

③④
①↓M↓② と書いてもいいよ。

m m

N N

③
①↓N↓② と書いてもいいよ。

n n

O O

o o

P P

p p

Q Q

❶Q❷ と書いてもいいよ。

q q

見本以外の書き順で書いてもいいよ。

7

# アルファベット②

答えと解説は別冊1ページ

🔊 **1** R〜Zまで，音声を聞いて，まねして言いましょう。そのあと，うすい字をなぞってから，自分で書いてみましょう。

【全部書いて40点】

大文字 | 小文字

R R | r r
S S | s s
T T | t t
U U | u u
V V | v v
Ⅴと書いてもいいよ。
W W | w w
Wと書いてもいいよ。
X X | x x
Y Y | y y
Z Z | z z

**2** アルファベットの文字と音の関係に注意して音声を聞きましょう。そのあと，まね
して言ってみましょう。　【全部言って30点】

① A a
apple / April

② C c
carrot / city hall

③ E e
elephant / eraser

④ G g
green / gym

⑤ I i
ink / ice cream

⑥ O o
omelet / ocean

⑦ U u
under / unicycle

a は［ア］とも［エイ］とも読むんだね。

**3** 音声を聞いて，絵の単語と合っていたら〇，異なっていたら×を書きましょう。
【1問5点】

① （　　　）

② （　　　）

③ （　　　）

④ （　　　）

⑤ （　　　）

⑥ （　　　）

9

# 食べ物・飲み物

**1** 音声を聞いて，食べ物と飲み物を表す単語をまねして言いましょう。【全部言って15点】

わあ，おいしそうな食べ物や飲み物がたくさん並んでいるね。きみは何が好き？

① pizza
ピザ

② hamburger
ハンバーガー

③ curry and rice
カレーライス

④ spaghetti
スパゲッティ

⑤ steak
ステーキ

⑥ salad
サラダ

⑦ cake
ケーキ

⑧ ice cream
アイスクリーム

⑨ coffee
コーヒー

⑩ tea
紅茶

⑪ green tea
緑茶

⑫ juice
ジュース

⑬ soda
ソーダ

⑭ milk
牛乳

⑮ mineral water
ミネラルウォーター

**2** これから，ヒナがレストランで3つのものを注文します。音声を聞いて，ヒナが注文したものを表す絵を，〇でかこみましょう。【全部できて30点】

ヒナ

**3** あなたがいちばん好きな食べ物と飲み物を英語で言ってみましょう。【20点】

# 果物・野菜

**4** 音声を聞いて，果物と野菜を表す単語をまねして言いましょう。 🎧🗣【全部言って15点】

> リアムがお母さんとスーパーマーケットに来ているね。
> この売り場には何があるかな？

①apple
りんご

②banana
バナナ

③grapes
ぶどう

④melon
メロン

⑤orange
オレンジ

⑥peach
もも

⑦strawberry
いちご

⑨cabbage
キャベツ

⑩carrot
にんじん

⑧watermelon
スイカ

⑪cucumber
きゅうり

⑫eggplant
なす

⑭onion
たまねぎ

⑮potato
じゃがいも

⑯tomato
トマト

⑬green pepper
ピーマン

**5** アリーヤは，買い物中のお父さんからの電話で，冷蔵庫に何があるかたずねられました。あなたがアリーヤなら，何と伝えますか。英語で言ってみましょう。

🗣【20点】

アリーヤ

11

# レッスン 4 スポーツ

答えと解説は 別冊1ページ

**1** 音声を聞いて，スポーツを表す単語をまねして言いましょう。【全部言って10点】

みんな楽しそう！
きみは何のスポーツが好き？

①baseball
野球

②softball
ソフトボール

③basketball
バスケットボール

④volleyball
バレーボール

⑤dodgeball
ドッジボール

⑥soccer
サッカー

⑦tennis
テニス

⑧table tennis
卓球

**2** ミナトとアリーヤが話しています。音声を聞いて，話題に上がったスポーツを3つ選んで〇でかこみましょう。【全部できて30点】

# 動 物

**3** 音声を聞いて，動物を表す単語をまねして言いましょう。【全部言って10点】

ぼくの友だちがいっぱいいる！
きみはいろんな動物を英語で言えるかな？

①bear
くま

②elephant
ぞう

③monkey
さる

④horse
馬

⑤rabbit
うさぎ

⑥bird
鳥

⑦dog
犬

⑧cat
ねこ

**4** 動物の体の一部や足あとのイラストから，何の動物かを当てます。音声を聞いて，ヒナとリアムが話している内容に合うものを○でかこみましょう。【1問10点】

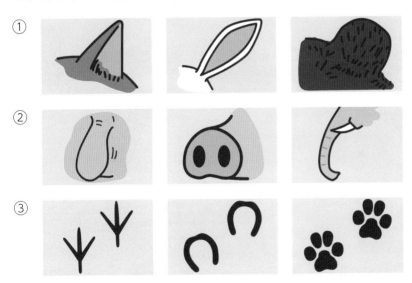

①

②

③

**5** あなたがいちばん好きな動物を英語で言ってみましょう。【20点】

13

# 文ぼう具

🔊 **1** 音声を聞いて，文ぼう具を表す単語をまねして言いましょう。👂🗣【全部言って 10 点】

ミナトが文ぼう具店に来たよ。
きみがほしい文ぼう具はどれかな？

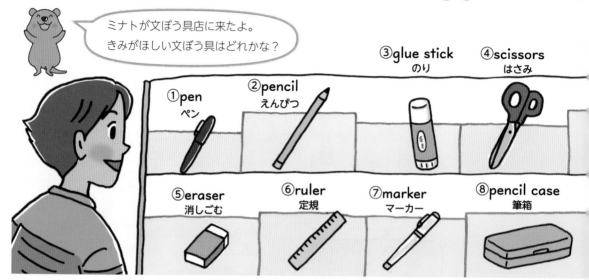

③glue stick のり
④scissors はさみ
①pen ペン
②pencil えんぴつ
⑤eraser 消しごむ
⑥ruler 定規
⑦marker マーカー
⑧pencil case 筆箱

🔊 **2** これから，ミナトがほしい文ぼう具を 2 つ言います。音声を聞いて，読まれた 2 つの単語が表す絵を〇でかこみましょう。👂【全部できて 20 点】

ミナト

🔊 **3** これから，アリーヤとリアムが持っている文ぼう具を英語で言います。2 人の持っている文ぼう具を正しく線で結びましょう。👂【1 問 15 点】

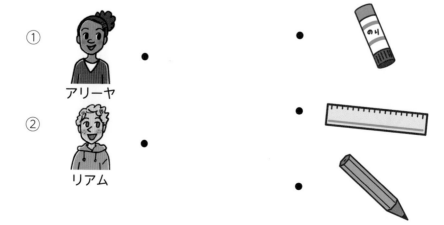

① アリーヤ

② リアム

# 動 作

**4** 音声を聞いて，動作を表す単語をまねして言いましょう。　【全部言って10点】

学校の様子だね。
みんなが色々なことをしているよ。

①play
（スポーツ）をする

②sing
歌う

③run
走る

④dance
おどる

⑤go to
〜に行く

⑥swim
泳ぐ

**5** 次の絵を見て，アリーヤとリアムがしている動作を英語で言いましょう。

【1問15点】

①

②

🔊 **1** 音声を聞いて，数字を表す単語をまねして言いましょう。 👂🗣【全部言って70点】

1から100まで英語で言えるかな？

| one | two | three | four | five |
|---|---|---|---|---|
| 1 | 2 | 3 | 4 | 5 |

| six | seven | eight | nine | ten |
|---|---|---|---|---|
| 6 | 7 | 8 | 9 | 10 |

| eleven | twelve | thirteen | fourteen | fifteen |
|---|---|---|---|---|
| 11 | 12 | 13 | 14 | 15 |

| sixteen | seventeen | eighteen | nineteen | twenty |
|---|---|---|---|---|
| 16 | 17 | 18 | 19 | 20 |

| twenty-one | twenty-two | twenty-three | twenty-four | twenty-five |
|---|---|---|---|---|
| 21 | 22 | 23 | 24 | 25 |

| twenty-six | twenty-seven | twenty-eight | twenty-nine | thirty |
|---|---|---|---|---|
| 26 | 27 | 28 | 29 | 30 |

| forty | fifty | sixty | seventy | eighty |
|---|---|---|---|---|
| 40 | 50 | 60 | 70 | 80 |

| ninety | one hundred | zero |
|---|---|---|
| 90 | 100 | 0 |

31, 32, 33…は thirty-one, thirty-two, thirty-three …だよ。

**2** 音声を聞いて，（　　）に当てはまる数字を書きましょう。　【1問10点】

①ドラッグストアのチラシ

**ポイント 10倍セール！**

各（　　　）円

各82円

各75円

②レシピ

**カレーの作り方**

●材料（12皿分）

・カレールウ：230グラム　　・にんじん：1本

・肉：500グラム　　　　　　・サラダ油：大さじ2

・玉ねぎ：4つ　　　　　　　・水：1400ミリリットル

・じゃがいも：（　　　）つ

③問診票

| 問　診　票 | | | | |
|---|---|---|---|---|
| フリガナ | リアム・エバンズ | 電話番号 | 自宅　03-(0000)××××| |
| 氏名 | Liam Evans | | 携帯　090-(0000)△△△△ | |
| 生年月日 | 20XX年<br>4月(　　)日 | | 年齢 | 12才 |

17

# レッスン 7 教　科

🔊 **1** 音声を聞いて，教科を表す単語をまねして言いましょう。　👂🗣【全部言って10点】

ヒナたちのクラスの時間割表だよ。

| | 月曜日 | 火曜日 |
|---|---|---|
| **1** 時間目 | ① English　英語<br>cat | ② Japanese　国語 |
| **2** 時間目 | ③ social studies　社会 | ④ math　算数 |
| **3** 時間目 | ⑤ science　理科 | ⑥ music　音楽 |
| **4** 時間目 | ⑦ arts and crafts　図工 | ⑧ P.E.　体育 |
| | 給　食 | |

**2** あなたのクラスの時間割表を見て，月曜日にある教科を英語で言ってみましょう。

🗣【15点】

**3** 音声を聞いて，次の時間割表の（　　）に入る教科を　から選び，記号を書きましょう。

【1問15点】

|  | Monday | Tuesday | Wednesday |
|---|---|---|---|
| 1 | English | social studies | Japanese |
| 2 | math | English | social studies |
| 3 | arts and crafts | ② （　　） | arts and crafts |
| 4 | | science | ③ （　　） |
| Lunchtime | | | |
| 5 | science | Japanese | P.E. |
| 6 | ① （　　） | math | |

ア　math　　イ　Japanese　　ウ　music

**4** ヒナとリアムが好きな教科について話しています。音声を聞いて，2人の好きな教科を正しく線で結びましょう。

【1問15点】

①
ヒナ

② 
リアム

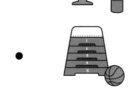

# 英文の書き方

答えと解説は
別冊 3 ページ

**1** 文を書くときのルールを確認して，うすい字をなぞりましょう。　【1問10点】

① 文の先頭の文字は大文字で書きましょう。

　　　This is my brother.

こちらはわたしの兄[弟]です。

② 文の終わりにはピリオド（.）をつけましょう。

　　　I like curry and rice.

わたしはカレーライスが好きです。

③ たずねる文の終わりにはクエスチョンマーク（**?**）をつけましょう。

　　　Do you like curry and rice?

あなたはカレーライスが好きですか。

④ **Yes** や **No** のうしろに文が続くときにはコンマ（,）をつけましょう。

　　　Yes, I do.

はい，好きです。

⑤ I **am** → I**'m** や Let **us** → Let**'s** など，短く言うときのアポストロフィ（'）を忘れ
　　└─**'** と次の文字の間はあけないよ。

ずに書きましょう。

　　　I'm good.

わたしは元気です。

単語と単語の間は，小文字1文字分
くらいあけて書こう！

Thisⵌis
　　　└─1文字分

# 英語の文の語順

**2** 英語の語順と日本語の語順のちがいを確認しましょう。　　【全部確認して20点】

「わたしは」「あなたは」などのあとに「〜です」「〜します」がきます。

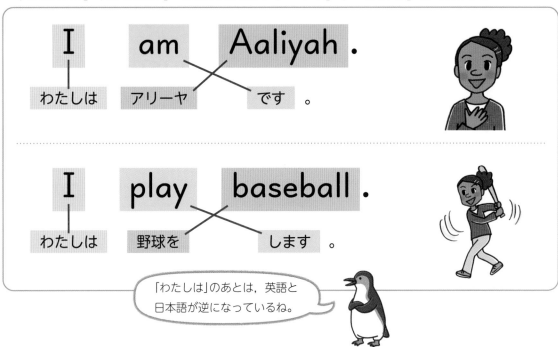

I　am　Aaliyah．

わたしは　アリーヤ　です　。

I　play　baseball．

わたしは　野球を　します　。

「わたしは」のあとは，英語と
日本語が逆になっているね。

**3** 次の英語の文を，**2**を参考にして，正しく並べかえて書いてみましょう。

【1問15点】

① わたしはミナトです。

I Minato am.

➡ _____ ．

② わたしはサッカーをします。

soccer play I.

➡ _____ ．

日本語との語順のちがいを
確認しておこう！

21

# まとめ問題① レッスン **1〜8**

答えと解説は
別冊 3 ページ

**1** 音声を聞いて，それぞれの ▭ に共通して入るアルファベットを書きましょう。

【1問5点】

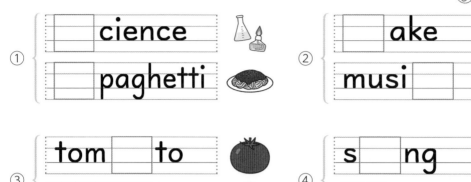

① ⎰ ▢cience
　⎱ ▢paghetti

② ⎰ ▢ake
　⎱ musi▢

③ ⎰ tom▢to
　⎱ ▢pple

④ ⎰ s▢ng
　⎱ ▢ce cream

**2** 例のように，イラストを表す単語を見つけて，◯でかこみましょう。【1問2点】

例

① 

② 

③ 

④ 

⑤ $\dfrac{3}{4} \times 7$　$6 \div \dfrac{1}{14}$

| l | e | p | m | a | t | i | u | g |
|---|---|---|---|---|---|---|---|---|
| t | r | a | x | q | r | e | r | m |
| p | a | k | b | e | a | r | y | x |
| b | s | z | a | y | p | z | j | n |
| t | e | n | n | i | s | d | t | b |
| t | r | i | a | r | w | e | e | m |
| v | o | u | n | b | i | s | n | f |
| d | c | l | a | p | m | a | t | h |

**3** 音声を聞いて，読まれた単語を３つの組に分けましょう。読まれた単語が数字ならア，動作ならイ，教科ならウを（　　）に書きましょう。 🎧【1問5点】

① （　　　）　　　　② （　　　）　　　　③ （　　　）

④ （　　　）　　　　⑤ （　　　）　　　　⑥ （　　　）

> ア　数字　　イ　動作　　ウ　教科

**4** 英語を表す絵を▢から選んで，（　　）に記号を書きましょう。 【1問5点】

① grapes
（　　　）

② pencil case
（　　　）

③ green pepper
（　　　）

④ basketball
（　　　）

⑤ dance
（　　　）

⑥ glue stick
（　　　）

⑦ hamburger
（　　　）

⑧ eggplant
（　　　）

音と文字と意味のつながりがわかったかな？

23

# 好きなこと・好きではないこと

答えと解説は別冊3ページ

**1** 場面をイメージしながら，音声を聞きましょう。 【全部聞いて10点】

野球をしようよ，ヒナ!
Let's play baseball, Hina!

いいよ。
OK.
わたしは野球が好きだよ。
I like baseball.

サッカーも好き?
Do you like soccer, too?

ううん。
No.
わたしはサッカーは好きではないの。
I don't like soccer.

## • I like baseball.

「わたしは野球が好きです。」

## • I don't like soccer.

「わたしはサッカーが好きではありません。」

★好きなもの［こと］や好きではないもの［こと］を伝える表現です。
★like＝「～が好きである」
★don'tはdo notを短くした形です。
★don't［do not］＝「～しない，～でない」

**2** 音声を聞いて，まねして言いましょう。 【1問10点】

①
I like music.
わたしは音楽が好きです。

②
I don't like dodgeball.
わたしはドッジボールが好きではありません。

**3** 音声を聞いて，まねして言ったあと，☐の中に英語を書きましょう。

【1問15点】

① I like volleyball.

わたしはバレーボールが好きです。

② I don't like carrots.

わたしはにんじんが好きではありません。

**4** 次の①と②の質問に，あなたの立場で答えましょう。単語は☐から選んでもよいです。

【1問20点】

① あなたの好きなスポーツを相手に伝えます。実際に言ってから，書きましょう。

・

② あなたの好きではないスポーツを相手に伝えます。実際に言ってから，書きましょう。

・

baseball　softball　basketball

volleyball　dodgeball　soccer

tennis　table tennis

# 得意なことを伝えよう①

答えと解説は
別冊3ページ

**1** 場面をイメージしながら，音声を聞きましょう。　【全部聞いて10点】

ぼくは野球をじょうずにできるんだ。
I can play baseball well.

かっこいい!
That's cool!

● **I can play baseball well.**

「わたしはじょうずに野球をできます [することができます]。」

★自分がじょうずにできることを伝える表現です。
★can=「～することができる」　well=「じょうずに」

**2** 音声を聞いて，まねして言いましょう。　【10点】

I can swim well.

わたしはじょうずに泳げます。

**3** 2人の話を聞いて，じょうずにできることを正しく線で結びましょう。

【1問15点】

①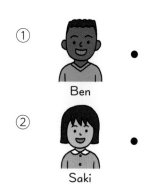
Ben

② 
Saki

**4** 音声を聞いて，まねして言ったあと，▭の中に英語を書きましょう。

【1問10点】

① I can play softball well .

わたしはじょうずにソフトボールをできます。

② ＿＿＿ can play table tennis

＿＿＿ .

わたしはじょうずに卓球（たっきゅう）をできます。

③ ＿＿＿ ＿＿＿ dance ＿＿＿ .

わたしはじょうずにおどれます。

**5** あなたがじょうずにできることを相手に伝えます。実際に言ってから，書きましょう。語句は▭から選んでもよいです。　　【20点】

＿＿＿ ＿＿＿ ＿＿＿ well.

dance

sing

swim

play soccer

play basketball

play tennis

play baseball

「わたしはじょうずに～（すること）ができます。」
という文を書こう！

27

# 得意なことを伝えよう②

答えと解説は別冊3ページ

**1** 場面をイメージしながら，音声を聞きましょう。 【全部聞いて10点】

わたしはダンスが得意なの。
I'm good at dancing.

いいね!
That's nice!
いっしょにおどろう。
Let's dance together.

● **I'm good at dancing.**

「わたしはダンスが得意です。」

★ I'm は I am を短くした形です。

★ I'm good at tennis.「わたしはテニスが得意です。」のように，〜ing の形以外の語も使えます。

**2** 音声を聞いて，「〜すること」を表す単語をまねして言いましょう。

【全部言って10点】

 **dancing**
おどること，
ダンス

 **singing**
歌うこと

 **swimming**
泳ぐこと，水泳

 **cooking**
料理
(をすること)

 **skiing**
スキー
(をすること)

① あなたが得意なことはどれですか。絵を〇でかこみましょう。 【5点】

② ①で選んだものを英語で言ってみましょう。 【5点】

**3** 音声を聞いて，まねして言いましょう。 【1問10点】

①  I'm good at cooking.
わたしは料理が得意です。

② I'm good at swimming.
わたしは水泳が得意です。

**4** 音声を聞いて，まねして言ったあと，▭の中に英語を書きましょう。

【1問10点】

① I'm good at singing .
わたしは歌うことが得意です。

② good at skiing .
わたしはスキーが得意です。

③ at baseball .
わたしは野球が得意です。

**5** あなたの得意なことを相手に伝えます。実際に言ってから書きましょう。単語は▢ から選んでもよいです。

【20点】

.

29

◆ 自己紹介

# 誕生日を伝えよう

答えと解説は
別冊 4 ページ

🔊 **1** 場面をイメージしながら，音声を聞きましょう。　　👂【全部聞いて 10 点】

あなたの誕生日はいつ？
When is your birthday?

ぼくの誕生日は3月5日だよ。
My birthday is March 5th.

バースデーケーキ受付中！

• ## My birthday is March 5th.

「わたしの誕生日は 3 月 5 日です。」

★自分の誕生日を伝える表現です。
★ my＝「わたしの」　 birthday＝「誕生日」　 is＝「～です」　 5th＝「5 日」

🔊 **2** 音声を聞いて，月を表す単語をまねして言いましょう。　　👂👄【全部言って 10 点】

| January | February | March | April | May | June |
|---------|----------|-------|-------|-----|------|
| 1月 | 2月 | 3月 | 4月 | 5月 | 6月 |

| July | August | September | October | November | December |
|------|--------|-----------|---------|----------|----------|
| 7月 | 8月 | 9月 | 10月 | 11月 | 12月 |

① あなたの誕生日はどの月ですか。絵を〇でかこみましょう。　　【5 点】
② ①で選んだ月を英語で言ってみましょう。　　👄【5 点】

**3** 音声を聞いて，まねして言いましょう。　🦻🗣【10点】

 My birthday is April 7th.

わたしの誕生日は4月7日です。

**4** 音声を聞いて，まねして言ったあと，▱の中に英語を書きましょう。

🦻🗣✍【1問20点】

①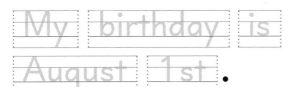

My birthday is
August 1st.

わたしの誕生日は8月1日です。

②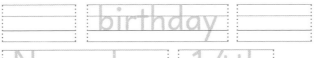

_____ birthday _____
November 14th.

わたしの誕生日は11月14日です。

**5** あなたの誕生日を伝えます。日にちは▢から選び，実際に言ってから書きましょう。

🗣✍【20点】

🔊

| 1日<br>1st | 2日<br>2nd | 3日<br>3rd | 4日<br>4th | 5日<br>5th | 6日<br>6th | 7日<br>7th |
|---|---|---|---|---|---|---|
| 8日<br>8th | 9日<br>9th | 10日<br>10th | 11日<br>11th | 12日<br>12th | 13日<br>13th | 14日<br>14th |
| 15日<br>15th | 16日<br>16th | 17日<br>17th | 18日<br>18th | 19日<br>19th | 20日<br>20th | 21日<br>21st |
| 22日<br>22nd | 23日<br>23rd | 24日<br>24th | 25日<br>25th | 26日<br>26th | 27日<br>27th | 28日<br>28th |
| 29日<br>29th | 30日<br>30th | 31日<br>31st | | | | |

# いちばん好きなものを伝えよう

答えと解説は
別冊 4 ページ

**1** 場面をイメージしながら，音声を聞きましょう。　　【全部聞いて 10 点】

- # My favorite food is curry and rice.

「わたしのいちばん好きな食べ物はカレーライスです。」

★いちばん好きなものを伝える表現です。

★my ＝「わたしの」　favorite ＝「いちばん好きな」　food ＝「食べ物」

★相手にいちばん好きなものをたずねるときの表現は，What is your favorite food? です。
答えるときは It's curry and rice. と言います。Curry and rice. とだけ言っても，伝わ
ります。

**2** 音声を聞いて，まねして言いましょう。　　【1問15点】

①

My favorite food is spaghetti.

わたしのいちばん好きな食べ物はスパゲッティです。

②

My favorite sport is table tennis.

わたしのいちばん好きなスポーツは卓球です。

**3** 音声を聞いて，まねして言ったあと，▭の中に英語を書きましょう。

【1問20点】

① My favorite subject is P.E.

わたしのいちばん好きな教科は体育です。

② ＿＿＿＿ ＿＿＿＿ color is orange.

わたしのいちばん好きな色はオレンジ色です。

**4** あなたのいちばん好きな食べ物を伝えます。実際に言ってから，書きましょう。単語は▢から選んでもよいです。【20点】

＿＿＿＿ ＿＿＿＿ food ＿＿＿＿

＿＿＿＿＿＿＿＿＿＿＿＿＿＿＿＿＿．

pizza
hamburgers
salad
curry and rice
spaghetti
steak
cake
ice cream

◆自己紹介

# 出身地をたずねあおう

答えと解説は
別冊 4 ページ

◀))**1** 場面をイメージしながら，音声を聞きましょう。 【全部聞いて 10 点】

◀))**2** 音声を聞いて，国を表す単語をまねして言いましょう。 【全部言って 10 点】

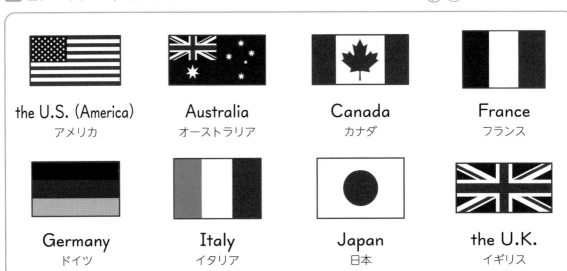

① あなたが行ってみたい国はどれですか。絵を〇でかこみましょう。 【5 点】
② ①で選んだ国を英語で言ってみましょう。 【5 点】

アメリカは the U.S.A. とも言うよ！

月　日

／100

**3** 音声を聞いて，英語の意味を確認しましょう。　【全部聞いて10点】

# I'm from Australia.

「わたしはオーストラリア出身です。」

★自分の出身地を伝える表現です。
★I'm fromのあとに国を表す単語を続けると，「わたしは～出身です。」という意味になります。
★from＝「～出身の」

I'm from Tokyo.「わたしは東京出身です。」のように，国だけでなく都道府県や市町村を表す単語を続けることもできるよ。

**4** 音声を聞いて，まねして言いましょう。　【1問15点】

①
I am from Canada.
わたしはカナダ出身です。

② I am from the U.K.
わたしはイギリス出身です。

**5** 2人の話を聞いて，出身地を正しく線で結びましょう。　【1問15点】

① 　•
Mila

② 　•
Anthony

　•

　•

　•

# Where are you from?

答えと解説は
別冊 4 ページ

**1** 音声を聞いて，英語の意味を確認しましょう。 【全部聞いて10点】

## Where are you from?

「あなたはどこの出身ですか。」

★相手の出身地をたずねる言い方です。
★where＝「どこに［へ，で］」　are＝「～です」　you＝「あなたは」
　from＝「～から［～出身の］」
★答えるときは，具体的な国名や地名などを言いましょう。

「わたしは～です。」の「～です」は am だけど，「あなたは～です。」
「あなたは～ですか。」の「～です」は are を使うよ。

**2** 音声を聞いて，まねして言いましょう。 【10点】

Where are you from?

あなたはどこの出身ですか。

**3** 音声を聞いて，内容に合う絵の番号を〇でかこみましょう。 【20点】

① イタリア
② イギリス

③ カナダ
④ オーストラリア

**4** 音声を聞いて，まねして言ったあと，▱ の中に英語を書きましょう。

【1問10点】

① Where are you from?

　I'm　from　Japan.

　わたしは日本出身です。

② Where are you from?

　I'm　　　　　Italy.

　わたしはイタリア出身です。

③ Where are you from?

　　　　　　　　Australia.

　わたしはオーストラリア出身です。

④ Where　are　you　from ?

　あなたはどこの出身ですか。

　I'm from France.

**5** クラスメイトのクレアに出身地をたずねます。実際に言ってから，書きましょう。

【20点】

　　　　　　　　　　　　　　　　　？

I'm from the U.K.

# まとめ問題② レッスン 9〜14

答えと解説は
別冊 4 ページ

🔊 **1** 音声を聞いて，内容に合う絵を○でかこみましょう。　　　👂【1問15点】

① ジョアンの誕生日

② ジョアンの食べたい物

🔊 **2** 音声を聞いて，2人の出身地と得意なことを正しく線で結びましょう。

👂【1問10点】

①

フランス

②
Robert

オーストラリア

Billie

カナダ

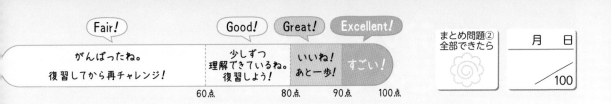

| Fair! | Good! | Great! | Excellent! |

がんばったね。
復習してから再チャレンジ!

少しずつ
理解できているね。
復習しよう!

いいね!
あと一歩!

すごい!

60点　　　　80点　　90点　　100点

まとめ問題②
全部できたら

月　日

／100

**3** カイトとミランダの会話が成り立つように，ふきだしに入るものを◯◯から選んで記号を書きましょう。　　　　　　　　　　　　　　　　　　　　　　　　　　【1問15点】

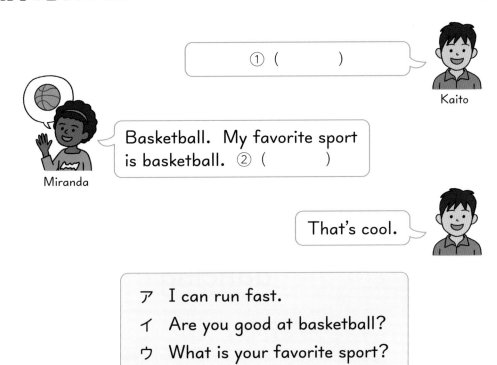

① （　　　　　）

Kaito

Miranda

Basketball.  My favorite sport is basketball.  ② （　　　　）

That's cool.

ア　I can run fast.
イ　Are you good at basketball?
ウ　What is your favorite sport?

**4** 音声を聞いて，会話が成り立つように，☰☰に入る語を◯◯から選んで書きましょう。
　　　　　　　　　　　　　　　　　　　　　　　　　　　　　　　　【20点】

My favorite food is ☰☰☰☰☰☰☰.

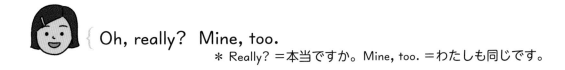

Oh, really?  Mine, too.
　　　　　＊ Really? ＝本当ですか。Mine, too. ＝わたしも同じです。

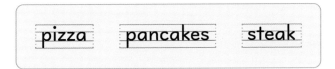

pizza　　pancakes　　steak

# 自分のことを
# まとめて書く・言う

1 例を参考にして，自己紹介カードを完成させましょう。

例 )

| 自己紹介カード😊 | |
|---|---|
| 名前： | Hina Arai |
| 誕生日： | February 19th |
| 出身地： | Tokyo |
| いちばん好きなスポーツ： | basketball |
| いちばん好きな教科： | Japanese |
| 得意なこと： | dancing |

以下のページを参考にしてね。
誕生日……30・31ページ　スポーツ……12ページ
教科……18ページ　得意なこと……28ページ

| 自己紹介カード😊 | |
|---|---|
| 名前： | |
| 誕生日： | |
| 出身地： | |
| いちばん好きなスポーツ： | |
| いちばん好きな教科： | |
| 得意なこと： | |

**2**　**1**で完成させた自己紹介カードを見ながら，実際に自己紹介をしてみましょう。

My name is _____・（わたしの名前は○○です。）

My birthday is _____・（わたしの誕生日は○月○日です。）

I'm from _____・（わたしは○○出身です。）

My favorite sport is _____・（いちばん好きな
スポーツは○○です。）

My favorite subject is _____・（いちばん好きな
教科は○○です。）

I'm good at _____・（わたしは○○が得意です。）

_____ に当てはまることばをはっきり言うと，
相手に伝わりやすくなるよ。

### 自己紹介で使える表現

| My name is ～. | 「わたしの名前は～です。」 |
| --- | --- |
| My birthday is ～. | 「わたしの誕生日は～です。」 |
| I'm from ～. | 「わたしは～出身です。」 |
| My favorite … is ～. | 「いちばん好きな…は～です。」 |
| I'm good at ～. | 「わたしは～が得意です。」 |
| I like ～ (very much). | 「わたしは～が(とても)好きです。」 |
| I can ～ (well). | 「わたしは(じょうずに)～することができます。」 |

### 友だちが自己紹介したときに使える表現

| I like ～, too. | 「わたしも～が好きです。」 |
| --- | --- |
| What is your favorite ～? | 「いちばん好きな～は何ですか。」 |
| Let's talk about ～. | 「～について話しましょう。」 |
| Let's ～ together. | 「いっしょに～しましょう。」 |

**1** 場面をイメージしながら，音声を聞きましょう。 【全部聞いて20点】

ぼくは毎日7時に起きるよ。
I get up at 7:00 every day.
きみは何時に起きる?
What time do you get up?

お父さんと朝食を作るの。
I make breakfast with Dad.

わたしは6時半に起きるよ。
I get up at 6:30.

わあ，それはいいね。
Wow, that sounds good.

### 時刻の表し方

6 時に：at 6:00 / at six (o'clock)
午前 6 時に：at 6 a.m.
午後 6 時に：at 6 p.m.

「6時ちょうど」のときは
six o'clock とも言うよ。

6 時 15 分に：at 6:15 / at six fifteen

6 時 30 分に：at 6:30 / at six thirty

6 時 45 分に：at 6:45 / at six forty-five

午前・午後をはっきり
させたい場合は，
a.m. / p.m. をつけよう。

月　日
／100

**2** 音声を聞いて，英語の意味を確認しましょう。　　🔊【全部聞いて20点】

• # I get up at 7:00.

「わたしは7時に起きます。」

★自分が何時に起きるか伝える表現です。

★get up＝「起きる」　at 〜＝「〜時に」

★「〜時に」と時刻を表すときは，〈at＋時刻〉の形にします。

I <u>usually</u> get up at 7:00.「わたしは<u>たいてい</u>7時に起きます。」や
I <u>sometimes</u> get up at 5:00.「わたしは<u>ときどき</u>5時に起きます。」のように，ひん度を表す語を入れることもできるよ。

**3** 音声を聞いて，まねして言いましょう。　　🔊📢【1問15点】

① 　　I get up at 8:00.

わたしは8時に起きます。

② 　　I get up at 7:30.

わたしは7時30分［半］に起きます。

**4** 2人の話を聞いて，起きる時刻を正しく線で結びましょう。　　🔊【1問15点】

①

Maki

②

Josh

43

🔊 **1** 音声を聞いて，英語の意味を確認しましょう。　　　👂【全部聞いて10点】

## What time do you get up?

「あなたは何時に起きますか。」

★相手に何時に起きるかをたずねる表現です。

★what time ＝「何時に」

★答えるときは，at を使って，具体的な時刻を言いましょう。

★What time do you usually get up?「あなたはたいてい何時に起きますか。」のように，ひん度を表す語を入れることもできます。

At 6:30. のように，
短く答えても伝わるよ。

🔊 **2** 音声を聞いて，まねして言いましょう。　　　👂🗣【10点】

What time do you get up?

あなたは何時に起きますか。

🔊 **3** 音声を聞いて，サントスが起きる時刻を目覚まし時計に数字で書きましょう。

👂【20点】

## What time do you get up?
## — I get up at 7:00.

レッスン15
全部できたら

月　日
／100

---

**4** 音声を聞いて，まねして言ったあと，□□の中に英語を書きましょう。

【1問20点】

① What time do you get up?

I get up at 7:00.

わたしは7時に起きます。

②

?

あなたは何時に起きますか。

I get up at 8:30.

---

**5** あなたはクレアから起きる時刻をたずねられました。実際に言ってから，書きましょう。 時刻は □ から選んでもよいです。

【20点】

What time do you get up?

．

| 6:00 | 6:30 | 6:45 |
| 7:00 | 7:30 | 8:00 |
| 8:30 | 9:00 | 9:30 |

# 何曜日に何をする？

◀)) **1** 場面をイメージしながら，音声を聞きましょう。　　◎【全部聞いて10点】

アリーヤとリアムは公園でヒナに会ったよ。

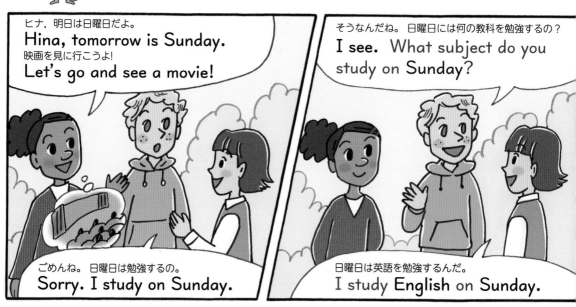

ヒナ，明日は日曜日だよ。
**Hina, tomorrow is Sunday.**
映画を見に行こうよ！
**Let's go and see a movie!**

そうなんだね。日曜日には何の教科を勉強するの？
**I see. What subject do you study on Sunday?**

ごめんね。日曜日は勉強するの。
**Sorry. I study on Sunday.**

日曜日は英語を勉強するんだ。
**I study English on Sunday.**

◀)) **2** 音声を聞いて，曜日を表す単語をまねして言いましょう。　◎ ◁【全部言って10点】

Sunday
日曜日

Monday
月曜日

Tuesday
火曜日

Wednesday
水曜日

Thursday
木曜日

Friday
金曜日

Saturday
土曜日

① 今日の曜日はどれですか。絵を〇でかこみましょう。　　【5点】
② ①で選んだ曜日を英語で言ってみましょう。　　◁【5点】

**3** 音声を聞いて，英語の意味を確認しましょう。　🎧【全部聞いて10点】

## ● I study English on Sunday.

「わたしは日曜日に英語を勉強します。」

★ study＝「(〜を) 勉強する」

★「〜曜日に」と言うときは，〈on＋曜日〉で表します。

曜日を表す語は，最初の文字を大文字にするよ！

**4** 音声を聞いて，まねして言いましょう。　🎧🗣【1問15点】

① I study science on Wednesday.

わたしは水曜日に理科を勉強します。

② I study math on Friday.

わたしは金曜日に算数を勉強します。

**5** 2人の話を聞いて，勉強する教科と曜日を正しく線で結びましょう。　🎧【1問15点】

①
Santos

②
Mai

# What subject do you study on Sunday?

答えと解説は
別冊6ページ

**1** 音声を聞いて，英語の意味を確認しましょう。 【全部聞いて10点】

## What subject do you study on Sunday?

「あなたは日曜日に何の教科を勉強しますか。」

★何曜日に何の教科を勉強するのかを相手にたずねる表現です。
★what＝「何の」　subject＝「教科」
★答えるときは，具体的な教科を言いましょう。

**2** 音声を聞いて，まねして言いましょう。 【10点】

What subject do you study on Thursday?

あなたは木曜日に何の教科を勉強しますか。

**3** 音声を聞いて，内容に合う絵の番号を○でかこみましょう。 【20点】

①

②

③

④

## What subject do you study on Sunday?
## — I study English on Sunday.

レッスン16
全部できたら

月　日

／100

**4** 音声を聞いて，まねして言ったあと，▱の中に英語を書きましょう。

【1問20点】

① **What subject do you study on Wednesday?**

I study Japanese.

わたしは国語を勉強します。

② 　　　　　　　　　　　　　　　　　　　　after school on Monday?

あなたは月曜日の放課後に何の教科を勉強しますか。　　＊ after school ＝放課後に

**I study math.**

**5** あなたはサントスから金曜日に勉強する教科をたずねられました。教科は▱から
1つ選び，実際に言ってから書きましょう。　　【20点】

**What subject do you study on Friday?**

English
Japanese
social studies
math
science
music
arts and crafts
P.E.

# 習慣をたずねよう

答えと解説は
別冊6ページ

**1** 場面をイメージしながら，音声を聞きましょう。　【全部聞いて10点】

ミナト，あなたは日曜日に英語を勉強するの？
Minato, do you study English on Sunday?

アリーヤは日曜日に日本語を勉強するの？
Do you study Japanese on Sunday?

うん，するよ。
Yes, I do.

ううん，しないよ。
No, I don't.

おたがいの習慣をたずねあう表現だね。

**2** 音声を聞いて，習慣を表す表現をまねして言いましょう。　【全部言って20点】

**watch TV**
テレビを見る

**do my [your] homework**
宿題をする

**clean my [your] room**
部屋をそうじする

**play video games**
テレビゲームをする

**go shopping**
買い物に行く

**read books**
本を読む

① あなたの日曜日の習慣はどれですか。絵を〇でかこみましょう。　【10点】
② ①で選んだ表現を英語で言ってみましょう。　【5点】

## Do you study English on Sunday?

**3** 音声を聞いて，英語の意味を確認しましょう。　　🎧【全部聞いて10点】

# Do you study English on Sunday?

「あなたは日曜日に英語を勉強しますか。」

★ Do youのあとに動作を表す語（句）を続けると，「あなたは〜しますか。」とたずねることができます。

★ 答えるときは，Yes, I do.「はい，します。」／No, I don't.「いいえ，しません。」で答えます。

★「毎週日曜日に」と言うときは，on Sundaysとsをつけます。

「何」や「どこ」などとたずねる文は，What do you study on Sunday?（↘）
のように下げ調子で言うけど，Yes / No で答える Do you 〜? の文は，
Do you study English on Sunday?（↗）のように上げ調子で言うよ。

**4** 音声を聞いて，まねして言いましょう。　　🎧🗣【1問15点】

①  Do you watch TV on Friday?

あなたは金曜日にテレビを見ますか。

② Do you read books on Sunday?

あなたは日曜日に本を読みますか。

**5** 音声を聞いて，ジュディの土曜日の習慣を選び，番号を〇でかこみましょう。

🎧【15点】

①　　　　　　　②　　　　　　　③

## Yes, I do./ No, I don't.

答えと解説は
別冊6ページ

**1** 音声を聞いて，英語の意味を確認しましょう。 【全部聞いて10点】

・ Yes, I do. 「はい，します。」

・ No, I don't. 「いいえ，しません。」

★Do you ～?「あなたは～しますか。」とたずねる文に対する答え方です。
★YesやNoのあとにはコンマ (,) を置きます。

日常の会話では，Yes.「はい。」や No.「いいえ。」だけでも伝わるよ。

**2** 音声を聞いて，まねして言いましょう。 【1問10点】

①  Yes, I do.
はい，します。

②  No, I don't.
いいえ，しません。

**3** 音声を聞いて，内容に合う絵の番号を〇でかこみましょう。 【20点】

① ② ③

**4** 音声を聞いて，まねして言ったあと，▭ の中に英語を書きましょう。

【1問15点】

① Do you | play table tennis on

Monday ?　あなたは月曜日に卓球をしますか。

Yes, I do.

② Do you clean your room on Sunday?

No , I don't .

I clean my room on Saturday.

いいえ，しません。わたしは土曜日に部屋をそうじします。

**5** あなたが金曜日にすることを紹介します。実際に言ってから，書きましょう。表現は ▭ から選んでもよいです。

【20点】

on Friday .

watch TV

do my homework

clean my room

play video games

go shopping

read books

53

**1** 音声を聞いて，（　）内から正しい内容を選んで〇でかこみましょう。

【1問15点】

①

Noah

部屋のそうじは（　土曜日　・　日曜日　）にする。

宿題は（　土曜日　・　日曜日　）にする。

②

Sandra

月曜日と水曜日に
（　買い物に行く　・　算数を勉強する　）。

火曜日と金曜日に
（　テレビを見る　・　テレビゲームをする　）。

何曜日に何をするのかな？

**2** 音声を聞いて，2人が土曜日に起きる時刻と勉強する教科を正しく線で結びましょう。

【1問10点】

算数

①

Minami

②

John

国語

英語

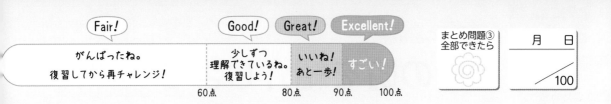

Fair! がんばったね。復習してから再チャレンジ！

Good! Great! 少しずつ理解できているね。復習しよう！ いいね！あと一歩！

Excellent! すごい！

60点　80点　90点　100点

まとめ問題③
全部できたら

月　日

／100

**3** 音声を聞いて，内容に合う絵を２つ選び，〇でかこみましょう。 【全部できて20点】

① 

② 

③ 

④ 

**4** 次の質問に，あなたの立場で答えましょう。 【１問10点】

① What subject do you study on Wednesday?

I study  .

② Do you clean your room on Sunday?

_____ , I _____ .

③ Do you read books on Thursday?

_____ , I _____ .

# 自分の町を紹介しよう

答えと解説は
別冊 8 ページ

🔊 **1** 場面をイメージしながら，音声を聞きましょう。　　　👂【全部聞いて10点】

わたしたちの町には水族館があるんだよ。とても大きいんだ。
We have **an aquarium** in our town. It's very big.

わあ，うらやましいな！
Oh, I envy you!
ぼくは海の生き物が大好きなんだ。
I love sea animals.

## We have an aquarium in our town.

「わたしたちの町には水族館があります。」

★自分の町に何があるのかを伝える表現です。
★we＝「わたしたちは」　have＝「～を持っている，～がある」　an[a]＝「１つの」
　in＝「～(場所)に」　our＝「わたしたちの」　town＝「町」
★townより大きな都市はcity「都市，市」と言います。

🔊 **2** 音声を聞いて，し設を表す単語をまねして言いましょう。　　👂👄【全部言って10点】

library
図書館

museum
博物館，美術館

department store
デパート

castle
城

amusement park
遊園地

aquarium
水族館

stadium
競技場

zoo
動物園

① 　あなたの町にあるし設はどれですか。絵を○でかこみましょう。　　【10点】
② 　①で選んだ単語を，英語で言ってみましょう。　　　　　　　　👄【10点】

**3** 音声を聞いて，まねして言いましょう。　　　　　　　　　　　【1問10点】

① 　We have a **library** in our town.

わたしたちの町には図書館があります。

② 　We have an **amusement park** in our city.

わたしたちの都市には遊園地があります。

**4** 音声を聞いて，まねして言ったあと，▭の中に英語を書きましょう。　　　　　　　　　　　【20点】

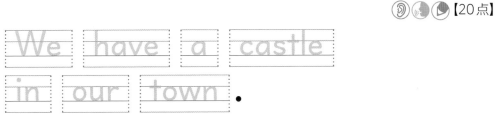

わたしたちの町には城があります。

**5** あなたの町にあるものを紹介します。実際に言ってから，書きましょう。単語は▢から選んでもよいです。　　　　　　　　　　　【20点】

_____ _____ _____ in our town.

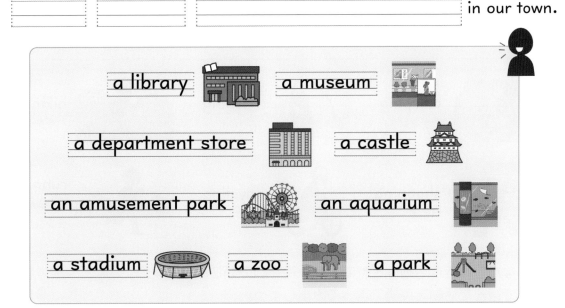

a library

a museum

a department store

a castle

an amusement park

an aquarium

a stadium

a zoo

a park

# 町で楽しめることを伝えよう

答えと解説は 別冊 8 ページ

**1** 場面をイメージしながら，音声を聞きましょう。　　⊙【全部聞いて10点】

リアムが町の公園についてヒナに質問しているよ。

ぼくたちはその公園で何を楽しめるの？
What can we enjoy in the park?

わたしたちはその公園でキャンプを楽しめるんだよ。
We can enjoy camping in the park.

・ # We can enjoy camping in the park.

「わたしたちはその公園でキャンプを楽しむことができます。」

★自分たちが楽しめることを伝える表現です。

★enjoy＝「〜を楽しむ」　the＝「その」　park＝「公園」

**2** 音声を聞いて，活動を表す単語をまねして言いましょう。　⊙【全部言って10点】

camping
キャンプ

fishing
つり

hiking
ハイキング

shopping
買い物

cycling
サイクリング

running
走ること，
ランニング

① あなたが好きな活動はどれですか。絵を〇でかこみましょう。　　【10点】

② ①で選んだ活動を英語で言ってみましょう。　　【10点】

**3** 音声を聞いて，まねして言いましょう。　【1問10点】

①  We can enjoy shopping.

わたしたちは買い物を楽しむことができます。

②  We can enjoy fishing in the park.

わたしたちはその公園でつりを楽しむことができます。

**4** 音声を聞いて，まねして言ったあと，□□の中に英語を書きましょう。

【1問10点】

①  We　can　enjoy　cycling .

わたしたちはサイクリングを楽しむことができます。

②  _____　_____　enjoy　hiking

in the park.

わたしたちはその公園でハイキングを楽しむことができます。

**5** 自分の町の公園で楽しめることを伝えます。実際に言ってから書きましょう。単語は □ から選んでもよいです。　【20点】

 We　can　_____　_____

in the park.

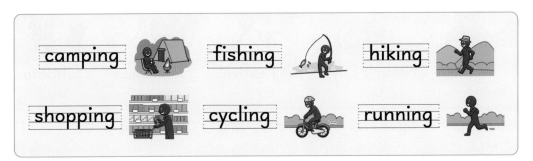

camping

fishing

hiking

shopping

cycling

running

59

# 季節の行事について話そう

答えと解説は 別冊8ページ

 🔊 **1** 場面をイメージしながら，音声を聞きましょう。 👂【全部聞いて10点】

アリーヤとミナトが，教室で好きな季節について話しているよ。

わたしは冬が好きなんだ。
I like winter.
あなたはどう，ミナト？
How about you, Minato?

ぼくは夏が好きだよ。夏には七夕があるからね。
I like summer. We have Star Festival in summer.

● **We have Star Festival in summer.**

「夏には七夕があります。」

★ in =「〜(季節)に」
★「〜(季節)に」は〈in ＋季節〉で表します。

🔊 **2** 音声を聞いて，季節や行事を表す単語をまねして言いましょう。 👂🗣【全部言って10点】

| spring | summer | fall | winter |
|--------|--------|------|--------|
| 春 | 夏 | 秋 | 冬 |

| Dolls' Festival | Children's Day | Star Festival | Halloween | Christmas |
|------|------|------|------|------|
| ひな祭り | こどもの日 | 七夕 | ハロウィン | クリスマス |

① あなたが好きな季節と行事はどれですか。絵を○でかこみましょう。 【10点】
② ①で選んだ季節と行事を英語で言ってみましょう。 🗣【10点】

**3** 音声を聞いて，まねして言いましょう。　　　　　🎧🗣【1問10点】

①  We have Children's Day in spring.
春にはこどもの日があります。

②  We have Halloween in fall.
秋にはハロウィンがあります。

**4** 音声を聞いて，まねして言ったあと，▱の中に英語を書きましょう。

🎧🗣🖊【10点】

 We have Christmas in winter .
冬にはクリスマスがあります。

**5** あなたはビリーに，あなたの好きな季節にどんな行事があるかをたずねられました。
実際に言ってから，書きましょう。単語は▱から選んでもよいです。🗣🖊【30点】

 What event do you have in your favorite season?

＊ event ＝行事

 We have

．

Dolls' Festival 　　Children's Day

Star Festival 　　Halloween

Christmas 　　ここにない行事を選んでもいいよ！

61

# まとめ問題④　レッスン **18～20**

答えと解説は
別冊 8 ページ

🔊 **1** ユキノが，授業で自分の町について紹介をしています。音声を聞いて，話の内容に合う絵を◻から選んで〇でかこみましょう。　🎧【30点】

🔊 **2** 音声を聞いて，2人の好きな季節とその季節にある行事を正しく線で結びましょう。　🎧【1問15点】

①
Santos

② 
Anna

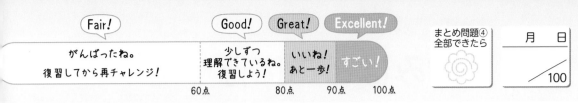

**3** 音声を聞いて，内容に合う絵を○でかこみましょう。 ◎【10点】

**4** 音声を聞いて，内容に合う英文になるように， ▭に入る語を書きましょう。

◎◐【1問15点】

①

We have a stadium in our city.

We can enjoy _____

at the stadium.

② 

We have a park in our town.

We can enjoy _____

in the park.

◆思い出を話そう

# 夏休みはどこに行った？

答えと解説は
別冊 9 ページ

**1** 場面をイメージしながら，音声を聞きましょう。　【全部聞いて10点】

夏休みはどうだった？
How was your summer vacation?

すごくよかったよ！上野動物園に行ったんだ。そこでパンダを見たよ！
It was great! I went to Ueno Zoo. I saw pandas there!

● **I went to Ueno Zoo.**

「わたしは上野動物園に行きました。」

★ went to 〜＝「〜に行った」
★「〜に行く」は go to 〜ですが，「〜に行った」は went to 〜で表します。

**2** 音声を聞いて，まねして言いましょう。　【1問10点】

①  I went to Shinagawa Aquarium.
わたしはしながわ水族館に行きました。

② I went to Yamashita Park.
わたしは山下公園に行きました。

**3** 音声を聞いて，2人が行った場所を正しく線で結びましょう。　【1問10点】

①
Linda

②
Jim

**4** 音声を聞いて，まねして言ったあと，□□の中に英語を書きましょう。

【1問15点】

① 　I　went　to　Osaka Castle.

わたしは大阪城に行きました。

② 　_____　_____　to　Saitama Stadium.

わたしは埼玉スタジアムに行きました。

**5** あなたはアナに，あなたが夏休みに行った場所をたずねられました。実際に言ってから，書きましょう。単語は□から選んでもよいです。　【20点】

I went to a stadium.　How about you?

_____　_____　_____　_____．

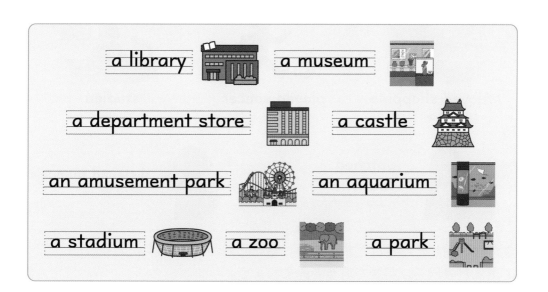

a library

a museum

a department store

a castle

an amusement park

an aquarium

a stadium

a zoo

a park

答えと解説は
別冊9ページ

◀️ **1** 場面をイメージしながら，音声を聞きましょう。　　【全部聞いて10点】

アリーヤ，昨日は何をしたの？
**Aaliyah, what did you do yesterday?**

買い物を楽しんだよ。
**I enjoyed shopping.**

新しいくつを買ったんだ!
**I bought new shoes!**

---

## • I enjoyed shopping.

「わたしは買い物を楽しみました。」

★自分がしたことを伝える表現です。

★動作を表す語は「〜した」という意味になると形が変わります。

| | |
|---|---|
| enjoy「〜を楽しむ」 | → enjoyed「〜を楽しんだ」 |
| play「(スポーツ)をする」 | → played「(スポーツ)をした」 |
| study「(〜を)勉強する」 | → studied「(〜を)勉強した」 |
| watch「〜を見る」 | → watched「〜を見た」 |
| listen to〜「〜を聞く」 | → listened to〜「〜を聞いた」 |

---

◀️ **2** 音声を聞いて，動作を表す表現をまねして言いましょう。　【全部言って10点】

**enjoyed shopping**
買い物を楽しんだ

**played soccer**
サッカーをした

**studied**
(〜を)勉強した

**watched YouTube**
ユーチューブを見た

**listened to music**
音楽を聞いた

① あなたが昨日したことはどれですか。絵を〇でかこみましょう。　【5点】

② ①で選んだ表現を，英語で言ってみましょう。　【5点】

**3** 音声を聞いて，まねして言いましょう。　　　　　【1問10点】

①  I watched YouTube.

わたしはユーチューブを見ました。

②  I played baseball.

わたしは野球をしました。

**4** 音声を聞いて，まねして言ったあと，▱の中に英語を書きましょう。

【1問15点】

①  I  enjoyed cooking.

わたしは料理を楽しみました。

② studied English.

わたしは英語を勉強しました。

**5** あなたはエディに，昨日したことをたずねられました。実際に言ってから，書きましょう。表現は▢から選んでもよいです。　　　　【20点】

? I played basketball yesterday.
How about you?

\* How about you?
＝あなたはどうですか。

enjoyed shopping　　played sports

studied　　watched YouTube

listened to music

67

# 昼食は何を食べた？

答えと解説は
別冊9ページ

**1** 場面をイメージしながら，音声を聞きましょう。 【全部聞いて10点】

お昼は何を食べたの？
**What did you eat for lunch?**

わたしはピザを食べたよ。
**I ate pizza.**

## I ate pizza for lunch.

「わたしはお昼ごはんにピザを食べました。」

★自分が何を食べたのかを伝える表現です。
★ate＝「〜を食べた」
★「〜を食べる」はeatですが，「〜を食べた」はateで表します。

**2** 音声を聞いて，まねして言いましょう。 【10点】

**I ate curry and rice yesterday.**

わたしは昨日カレーライスを食べました。

**3** 音声を聞いて，まねして言ったあと，▭ の中に英語を書きましょう。

【1問10点】

①

**I ate** ice cream after dinner.

わたしは夕食後にアイスクリームを食べました。

②

**I** ▭ cake at 3:00.

わたしは3時にケーキを食べました。

**4** 5人の友だちが，お昼に食べたものを話しています。右の絵をヒントに，5人が食べた食べ物を下から見つけ，それぞれ例のように◯でかこみましょう。

【1問10点】

| m | i | s | p | o | r | e | w | q |
|---|---|---|---|---|---|---|---|---|
| f | c | a | k | e | s | z | u | p |
| h | g | l | i | v | t | b | c | e |
| s | p | a | g | h | e | t | t | i |
| y | u | d | m | v | a | c | z | k |
| b | u | d | n | q | k | l | m | h |
| h | a | m | b | u | r | g | e | r |
| x | r | v | t | v | k | o | i | a |
| w | i | o | j | p | i | z | z | a |

例 cake

salad

hamburger

steak

spaghetti

pizza

**5** あなたは今週食べたものを伝えます。実際に言ってから，書きましょう。単語は◻️から選んでもよいです。

【10点】

pizza 　　a hamburger 　　salad

curry and rice 　　spaghetti 　　steak

◆思い出を話そう

# いちばんの思い出は？

答えと解説は
別冊 9 ページ

◀)) **1** 場面をイメージしながら，音声を聞きましょう。　　　【全部聞いて 10 点】

学校でのいちばんの思い出は何？
**What's your best memory at school?**

わたしのいちばんの思い出は修学旅行だよ。
**My best memory is our school trip.**

・ **My best memory is our school trip.**

「わたしのいちばんの思い出は修学旅行です。」

★ best =「いちばんの」　memory =「思い出」

みんなで行ったから our 〜「わたしたちの」となるんだね。

◀)) **2** 音声を聞いて，学校行事を表す単語をまねして言いましょう。【全部言って 10 点】

**school trip**
修学旅行

**field trip**
遠足

**chorus contest**
合唱コンクール

**music festival**
音楽会

**sports day**
運動会

**summer vacation**
夏休み

**career day**
職場体験

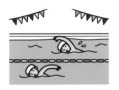
**swimming meet**
水泳大会

① いちばんあなたの思い出に残っている行事はどれですか。絵を○でかこみましょう。
【10 点】

② ①で選んだ学校行事を英語で言ってみましょう。　　　【10 点】

**3** 音声を聞いて，まねして言いましょう。　【1問10点】

① 　My best memory is our **field trip.**

わたしのいちばんの思い出は遠足です。

② 　My best memory is our **career day.**

わたしのいちばんの思い出は職場体験です。

**4** 音声を聞いて，まねして言ったあと，□□の中に英語を書きましょう。　【20点】

My best memory is our chorus contest .

わたしのいちばんの思い出は合唱コンクールです。

**5** あなたの学校生活でのいちばんの思い出を伝えます。実際に言ってから，書きましょう。単語は□から選んでもよいです。　【20点】

My best

.

school trip

field trip

chorus contest

music festival

sports day

summer vacation

career day

swimming meet

# 学校生活で何をした？

答えと解説は
別冊10ページ

◀))**1** 場面をイメージしながら，音声を聞きましょう。　【全部聞いて15点】

ぼくたちは修学旅行で京都に行ったね。
We went to Kyoto on the school trip.

うん。金閣寺に行ったよね。
Yes. We went to Kinkaku-ji.

● ## We went to Kyoto.

「わたしたちは京都に行きました。」

★自分たちが何をしたのかを伝える表現です。

★I went to ～. 「わたしは～に行きました。」と同じように，「わたしたちは～に行きました。」
　は We went to ～. と表します。

◀))**2** 音声を聞いて，まねして言いましょう。　【15点】

We went to Nagasaki.
わたしたちは長崎に行きました。

◀))**3** 音声を聞いて，2人が行った場所を正しく線で結びましょう。　【1問15点】

広島

①
Arisa

奈良

②
Kaito

仙台

**4** 音声を聞いて，まねして言ったあと，▭の中に英語を書きましょう。

【20点】

 We went to Hakodate.

わたしたちは函館に行きました。

**5** あなたたちが修学旅行で行った場所を伝えます。実際に言ってから，書きましょう。
地名は下の地図から選んでもよいです。

【20点】

Iejima

Hakodate

Sendai

Aizu-Wakamatsu

Sado

Nara

Nikko

Nagasaki

Tokyo

Kamakura

Ise

Hiroshima

# どんなものを見た？

答えと解説は
別冊10ページ

**1** 場面をイメージしながら，音声を聞きましょう。　【全部聞いて10点】

ミナトたちは他の学年の先生から，
修学旅行について聞かれているよ。

あなたたちは京都に行ったのでしょう？
You went to Kyoto, right?
きみたちはそこで何を見たの？
What did you see there?

ぼくたちは古い寺を見ました。
We saw old temples.

● We saw old temples.

「わたしたちは古い寺を見ました。」

★自分たちが見たものを伝える表現です。
★saw＝「〜を見た」　old＝「古い」　temple＝「寺」
★「〜を見る」はseeですが，「〜を見た」はsawで表します。
★2つ以上の寺を表すときは，templesとsをつけます。

**2** 音声を聞いて，建造物を表す単語をまねして言いましょう。　【全部言って10点】

| temple | shrine | bridge | tower |
|--------|--------|--------|-------|
| 寺 | 神社 | 橋 | とう，タワー |

① あなたが旅行で見たものはどれですか。絵を○でかこみましょう。　【5点】
② ①で選んだ建造物を，英語で言ってみましょう。　【5点】

**3** 音声を聞いて，まねして言いましょう。　　　　　　　【1問10点】

①  We saw an old bridge.

わたしたちは古い橋を見ました。

②  We saw Tokyo Tower.

わたしたちは東京タワーを見ました。

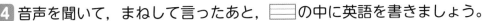

**4** 音声を聞いて，まねして言ったあと，▱の中に英語を書きましょう。

【1問10点】

①  We saw a shrine .

わたしたちは神社を見ました。

②  ___ saw an old temple .

わたしたちは古い寺を見ました。

③  ___ ___ a castle .

わたしたちは城を見ました。

**5** あなたはアナに，修学旅行で見たものをたずねられました。実際に言ってから，書きましょう。【20点】

 We saw a castle.　What did you see?

＊ What did you see? ＝あなたたちは何を見ましたか。

___ ___ (a[an]) ___ .

75

# 感想を言ってみよう

答えと解説は 別冊10ページ

◀)) **1** 場面をイメージしながら，音声を聞きましょう。　【全部聞いて10点】

- ## It was fun.

「それは楽しかったです。」

★感想を伝える表現です。
★It wasのあとに感想を表す語を続けます。
★it＝「それは［が］」　was＝「〜でした」
★「それは〜です。」はIt is 〜.と言いますが，「それは〜でした。」はIt was 〜.と表します。

◀)) **2** 音声を聞いて，感想を表す単語をまねして言いましょう。　【全部言って10点】

① あなたの修学旅行はどうでしたか。感想を表す絵を○でかこみましょう。　【5点】
② ①で選んだ感想を英語で言ってみましょう。　【5点】

76

**3** 音声を聞いて，まねして言いましょう。　　🦻👄【1問10点】

①  It was exciting.

それはわくわくしました。

②  It was great.

それはとてもよかったです。

**4** 音声を聞いて，まねして言ったあと，▭ の中に英語を書きましょう。

🦻👄✍【1問10点】

①  It was nice.

それはすてきでした。

②  was wonderful.

それはすばらしかったです。

③  not fun.

それは楽しくなかったです。

**5** 修学旅行の感想を伝えます。実際に言ってから，書きましょう。単語は ▭ から選んでもよいです。　　👄✍【20点】

great

nice

wonderful

exciting

interesting

fun

boring

# まとめ問題⑤ レッスン 21〜27

答えと解説は
別冊10ページ

🔊 **1** アキトが，授業で学校生活の思い出について発表しています。音声を聞いて，話の
内容に合う絵を □ から選んで，〇でかこみましょう。　　　👂【10点】

🔊 **2** 音声を聞いて，2人の楽しんだことと感想を正しく線で結びましょう。

👂【1問15点】

①
Patrick

　　・　すてきな

　　・　とてもよい

②
Daisy

　　・　わくわくさせる

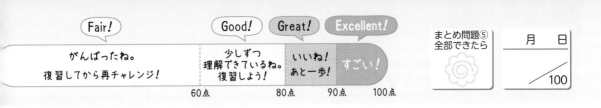

**3** 音声を聞いて，内容に合う英文になるように，☐☐に入る語を☐から選んで書きましょう。 【1問10点】

① We ☐☐☐☐☐☐☐☐ to Osaka.

② We ☐☐☐☐☐☐☐☐ takoyaki.

It was fun.

> played / ate / studied / went

**4** 日本語のメモを見て，英語の日記を完成させましょう。 【1問10点】

### メモ

京都に行った。
ハイキングを楽しんだ。
渡月橋（とげつきょう）を見た。おもしろかった。

① We ☐☐☐☐☐☐☐☐ to Kyoto.

② We ☐☐☐☐☐☐☐☐ hiking.

③ We ☐☐☐☐☐☐☐☐ Togetsukyo Bridge.

④ ☐☐☐☐ ☐☐☐☐ ☐☐☐☐☐☐ .

# 入りたい部活をたずねよう

答えと解説は
別冊11ページ

**1** 場面をイメージしながら，音声を聞きましょう。 【全部聞いて10点】

> ぼくたちはもうすぐ中学生になるね!
> We will be junior high school students soon!

> うん!
> Yes!

> 何の部活に入りたいの?
> What club do you want to join?

> わたしはテニス部に入りたいな。
> I want to join the tennis team.

> 友だちと入りたい部活について話すときに使う表現だね。

**2** 音声を聞いて，部活を表す単語をまねして言いましょう。 【全部言って10点】

|  |  |  |  |
|---|---|---|---|
| **baseball team**<br>野球部 | **basketball team**<br>バスケットボール部 | **soccer team**<br>サッカー部 | **tennis team**<br>テニス部 |
| <br> | | | |
|  |  |  |  |
| **art club**<br>美術部 | **broadcasting club**<br>放送部 | **brass band**<br>吹奏楽部 | **chorus**<br>合唱部 |

① あなたが入りたい部活はどれですか。絵を○でかこみましょう。 【5点】

② ①で選んだ部活を英語で言ってみましょう。 【5点】

# I want to join the tennis team.

**3** 音声を聞いて，英語の意味を確認しましょう。 【全部聞いて10点】

# I want to join the tennis team.

「わたしはテニス部に入りたいです。」

★自分がどの部活に入りたいか伝える表現です。
★want to 〜＝「〜したい」　join＝「〜に入る，〜に参加する」

「○○部」と言うとき，運動部は〜 team で表すよ。ほかにも次のような部活があるよ。

ソフトボール部　softball team　　バレーボール部　volleyball team
卓球部　table tennis team　　バドミントン部　badminton team
陸上部　track and field team　　体操部　gymnastics team

**4** 音声を聞いて，まねして言いましょう。 【1問15点】

① I want to join the basketball team.
わたしはバスケットボール部に入りたいです。

② I want to join the art club.
わたしは美術部に入りたいです。

**5** 2人の話を聞いて，入りたい部活を正しく線で結びましょう。 【1問15点】

① Arisa

② Mike

81

# What club do you want to join?

答えと解説は
別冊11ページ

**1** 音声を聞いて，英語の意味を確認しましょう。 【全部聞いて15点】

## What club do you want to join?

「あなたは何の部活に入りたいですか。」

★相手に入りたい部活をたずねる表現です。

★club＝「部，クラブ」

★答えるときは，I want to join the ～.「わたしは～部に入りたいです。」と答えます。

「○○部」と言うとき，文化部は～ club で表すよ。ほかにも次のような部活があるよ。

演劇部　drama club　　　　　新聞部　newspaper club

写真部　photography club　　料理部　cooking club

科学部　science club

**2** 音声を聞いて，まねして言いましょう。 【15点】

What club do you want to join?

あなたは何の部活に入りたいですか。

**3** 音声を聞いて，内容に合う絵の番号を〇でかこみましょう。 【20点】

①

②

③

④

# What club do you want to join?
## — I want to join the tennis team.

レッスン28
全部できたら

月　日

／100

．．．．．．．．．．．．．．．．．．．．．．．．．．．．．．．．．．．．．．．．．．．．．．．．．

**4** 音声を聞いて，まねして言ったあと，▭の中に英語を書きましょう。

【1問15点】

① What club do you want to join?

| I | want | to | join | the soccer team. |

わたしはサッカー部に入りたいです。

② What club do you want to join?

|  |  |  |  | the art club. |

わたしは美術部に入りたいです。

**5** あなたはエディに，入りたい部活をたずねられました。実際に言ってから，書きましょう。単語は ▢ から選んでも，81ページの **3** や82ページの **1** の単語から選んでもよいです。

【20点】

What club do you want to join?

| I | want |  |  | the |

　　　　　　　　　　　　　　　　　　　　　•

the baseball team

the basketball team

the soccer team

the tennis team

the art club

the broadcasting club

the brass band

the chorus

# 中学でやりたいこと

答えと解説は
別冊12ページ

**1** 場面をイメージしながら，音声を聞きましょう。　【全部聞いて10点】

中学校では何をしたい？
**What do you want to do at junior high school?**

ぼくは修学旅行を楽しみたいな。
**I want to enjoy the school trip.**

• **I want to enjoy the school trip.**

「わたしは修学旅行を楽しみたいです。」

★自分が楽しみたいことを伝える表現です。
★want toのあとに動作を表す語を続けると「〜したい」という意味になります。

**2** 音声を聞いて，まねして言いましょう。　【1問10点】

①  **I want to enjoy the chorus contest.**
わたしは合唱コンクールを楽しみたいです。

②  **I want to enjoy the sports day and the career day.**
わたしは運動会と職場体験を楽しみたいです。

**3** 2人の話を聞いて，楽しみたい学校行事を正しく線で結びましょう。【1問10点】

①
Arisa

② Mike

 音楽祭

 運動会

 修学旅行

4 音声を聞いて，まねして言ったあと，□□の中に英語を書きましょう。

【1問15点】

① I want to enjoy the music festival.

わたしは音楽祭を楽しみたいです。

② _____ _____ _____ enjoy

the field trip.

わたしは遠足を楽しみたいです。

5 あなたはエディに，中学校で楽しみたい行事をたずねられました。実際に言ってから，
書きましょう。単語は□から選んでもよいです。　　　　　　　　【20点】

I want to enjoy the sports day.  How about you?

_____ _____ _____ _____ the

_____ ・

the school trip　　　　　the field trip

the chorus contest　　　the music festival

the sports day　　　　　the career day

the swimming meet

85

# なりたい職業をたずねよう

答えと解説は
別冊12ページ

**1** 場面をイメージしながら，音声を聞きましょう。　【全部聞いて10点】

ぼくの夢は歌手になることなんだ。
My dream is to be a singer.

きみは何になりたいの？
What do you want to be?

かっこいいね。
That's cool.

わたしは先生になりたいの。
I want to be **a teacher**.

将来の夢について話すときに使う表現だね。

**2** 音声を聞いて，職業を表す単語をまねして言いましょう。　【全部言って20点】

**office worker**
会社員

**doctor**
医者

**nurse**
看護師

**cook**
料理人

**police officer**
警察官

**teacher**
教師

**soccer player**
サッカー選手

**baseball player**
野球選手

① あなたがなりたい職業はどれですか。絵を〇でかこみましょう。　【5点】

② ①で選んだ職業を英語で言ってみましょう。　【5点】

## What do you want to be?

**3** 音声を聞いて，英語の意味を確認しましょう。　🎧【全部聞いて20点】

• ## What do you want to be?

「あなたは何になりたいですか。」

★相手の将来の夢をたずねる表現です。

★be ＝「～になる」

相手に答えてもらったら，（That's）cool.「かっこいいね。」や
（That's）nice.「すてきだね。」などと言えるといいね。

**4** 音声を聞いて，まねして言いましょう。　🎧👂【20点】

What do you want to be?

あなたは何になりたいですか。

**5** 音声を聞いて，内容に合う絵の番号を〇でかこみましょう。　🎧【20点】

①

②

③

④

87

## I want to be a teacher.

答えと解説は
別冊12ページ

**1** 音声を聞いて，英語の意味を確認しましょう。 【全部聞いて10点】

# I want to be a teacher.

「わたしは教師になりたいです。」

★自分がなりたい職業を伝える表現です。
★I want to be a[an] のあとになりたい職業を続けます。

ほかにも次のような職業があるよ。
歌手 a singer　芸人 a comedian　獣医 a vet
消防士 a fire fighter　プログラマー a programmer

**2** 音声を聞いて，まねして言いましょう。 【10点】

I want to be a nurse.
わたしは看護師になりたいです。

**3** 4人の友だちが，なりたい職業を話しています。音声を聞いて，右の絵をヒントに，4人がなりたい職業を下から見つけ，それぞれ例のように◯でかこみましょう。 【1問10点】

①リサ　②ヒロキ　③マユ　④イーサン

| f | l | v | e | t | s | t |
|---|---|---|---|---|---|---|
| a | d | t | k | u | y | e |
| z | c | o | o | k | b | a |
| e | n | f | c | c | v | c |
| r | k | b | n | t | c | h |
| t | r | t | h | g | o | e |
| n | u | r | s | e | k | r |

例 vet

doctor

nurse

cook

teacher

## What do you want to be?
## — I want to be a teacher.

**4** 音声を聞いて，まねして言ったあと，□□の中に英語を書きましょう。

【1問10点】

① What do you want to be?

I want to be a cook .

わたしは料理人になりたいです。

② What do you want to be?

I want to be a

police officer .

わたしは警察官になりたいです。

**5** あなたはサントスに，あなたのなりたい職業をたずねられました。実際に言ってから，書きましょう。単語は□から選んでも，88ページ**1**の単語から選んでもよいです。

【20点】

What do you want to be?

_____  _____  _____  _____  _____

_____ .

an office worker    a doctor    a nurse

a cook    a police officer    a teacher

a soccer player    a baseball player

# まとめ問題⑥ レッスン 28〜30

答えと解説は
別冊13ページ

**1** 音声を聞いて，内容に合う絵を〇でかこみましょう。　【1問15点】

①

②

**2** 音声を聞いて，3人が入りたい部活を正しく線で結びましょう。　【1問10点】

①
Saki

②
Ben

③
Kaito

Fair! — がんばったね。 復習してから再チャレンジ!

Good! Great! Excellent!

少しずつ 理解できているね。 復習しよう! — いいね! あと一歩! — すごい!

60点　80点　90点　100点

まとめ問題⑥ 全部できたら

月　日

／100

**3** ジュディとレンの会話を聞き，話の順番に合うように，絵の（　　）に1～3の番号を書きましょう。　　　　　　　　　　　　　　　　　　👂【全部できて10点】

（　　　　）　　　　　　　（　　　　）　　　　　　　（　　　　）

**4** 音声を聞いて，質問の答えを正しく書きましょう。　　　　　👂👁【1問15点】

①

{ What do you want to be?

| | | | | a | singer |
|---|---|---|---|---|---|

.

②

{ What club do you want to join?

| | | | |
|---|---|---|---|

the　brass　band ．

# まとめのテスト①

答えと解説は
別冊14ページ

🔊 **1** 音声を聞いて，内容に合う絵を〇でかこみましょう。　👂【10点】

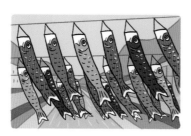 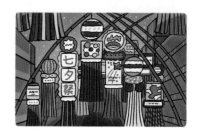

🔊 **2** ハヤトとサラの会話を聞いて，次の①〜③について，その内容に合う絵を１つずつ選び，〇でかこみましょう。　👂【1問15点】

① サラのいちばんの思い出

② サラが演奏した楽器

③ サラの感想

すばらしい　　　　おもしろい　　　　たいくつな

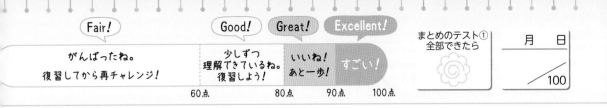

Fair!
がんばったね。
復習してから再チャレンジ!

Good! Great! Excellent!
少しずつ
理解できているね。
復習しよう!
いいね!
あと一歩!
すごい!

60点 80点 90点 100点

まとめのテスト①
全部できたら

月　日

／100

**3** マナミのクラスでは，中学校でしたいことについて英語でスピーチをすることになりました。マナミが書いたメモをもとに，下の◯◯から英語を選んでスピーチを完成させましょう。　【1問15点】

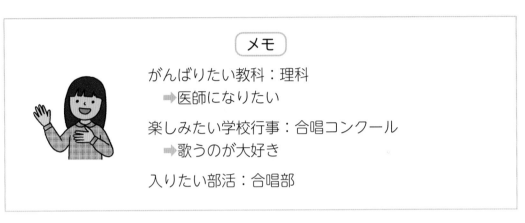

メモ

がんばりたい教科：理科
　➡医師になりたい

楽しみたい学校行事：合唱コンクール
　➡歌うのが大好き

入りたい部活：合唱部

Hello, everyone.　I'm Manami.

I want to study science hard at junior high school.

① 　I want to be a ＿＿＿＿＿＿＿＿＿ .

I want to enjoy the chorus contest.

② 　I like ＿＿＿＿＿＿＿＿＿ very much.

③ 　I want to join the ＿＿＿＿＿＿＿＿＿ .

＊ everyone＝みなさん　hard＝一生けんめいに　junior high school＝中学校

① 　teacher / doctor / soccer player

② 　running / hiking / singing

③ 　chorus / baseball team / art club

# まとめのテスト②

🔊 **1** 音声を聞いて，内容に合う絵の番号を〇でかこみましょう。 👂【20点】

① 　　　　土曜日　　　　　　　　　　日曜日

② 　　　　土曜日　　　　　　　　　　日曜日

③ 　　　　土曜日　　　　　　　　　　日曜日

🔊 **2** ベンとココロの会話を聞いて，ベンを表している絵を選び，（　　）に〇を書きましょう。 👂【20点】

（　　　　）　　　　　（　　　　）　　　　　（　　　　）

Fair! がんばったね。復習してから再チャレンジ！
Good! Great! 少しずつ理解できているね。復習しよう！
いいね！あと一歩！
Excellent! すごい！
60点　80点　90点　100点

まとめのテスト②
全部できたら

月　日
／100

**3** あなたの修学旅行の思い出について，日本語のメモを完成させて，英文にしましょう。英文のうち，□の部分は◯から英語を選んで書き，◯◯の部分は自分で考えて書きましょう。　【1問10点】

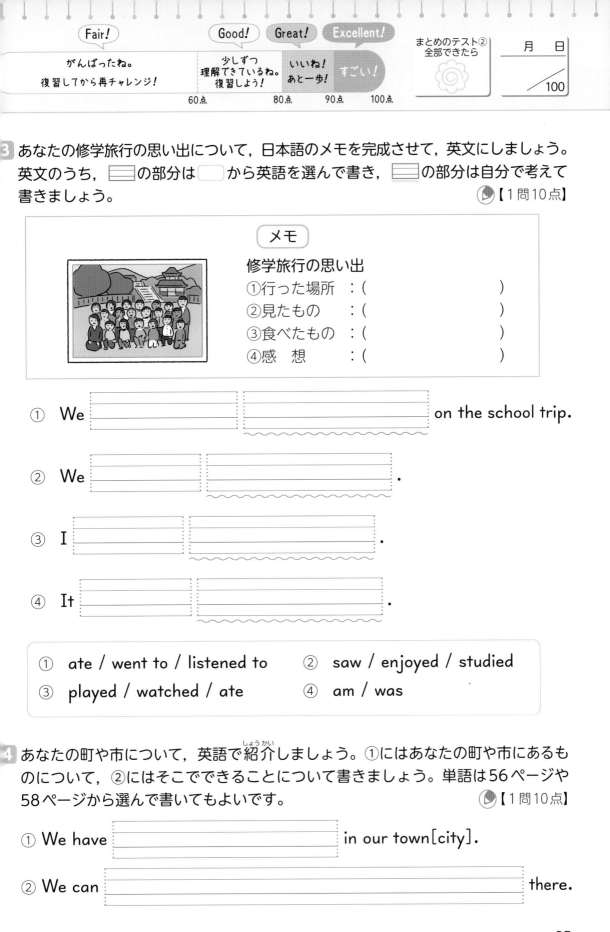

メモ

修学旅行の思い出
①行った場所　：（　　　　　　　）
②見たもの　　：（　　　　　　　）
③食べたもの　：（　　　　　　　）
④感　想　　　：（　　　　　　　）

①　We ＿＿＿＿＿ ＿＿＿＿＿ on the school trip.

②　We ＿＿＿＿＿ ＿＿＿＿＿ .

③　I ＿＿＿＿＿ ＿＿＿＿＿ .

④　It ＿＿＿＿＿ ＿＿＿＿＿ .

① ate / went to / listened to　② saw / enjoyed / studied

③ played / watched / ate　④ am / was

**4** あなたの町や市について，英語で紹介しましょう。①にはあなたの町や市にあるものについて，②にはそこでできることについて書きましょう。単語は56ページや58ページから選んで書いてもよいです。　【1問10点】

① We have ＿＿＿＿＿ in our town［city］.

② We can ＿＿＿＿＿ there.

# 小学英語の総まとめ①

**1** 音声を聞いて，内容に合う絵を〇でかこみましょう。 【20点】

ニューヨーク　午後6時

ニューヨーク　午前6時

日本　午後6時

日本　午前6時

**2** 音声を聞いて，下の地図から南公園 (Minami Park) を選び，〇でかこみましょう。 【20点】

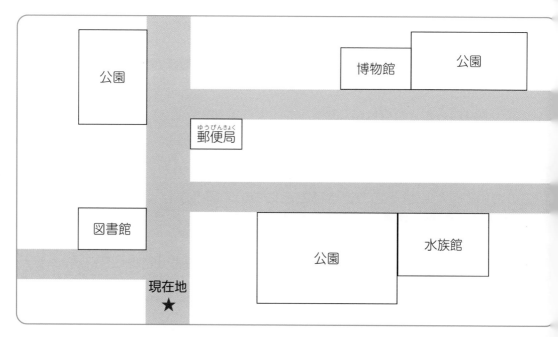

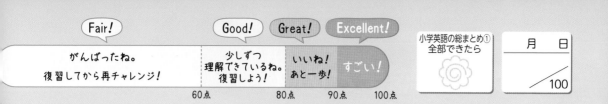

**3** ハンナとお父さんの会話を聞き，話の順番に合うように，絵の（　）に1〜3の番号を書きましょう。 【全部できて30点】

（　　）　　　　　　（　　　　）　　　　　　（　　　　）

**4** あなたは，行ってみたい国について友だちと話しています。あなたの行きたい国を英語で紹介しましょう。 【1問10点】

クレア

I want to go to Australia.
You can see koalas and kangaroos.
I want to eat steak.

＊ koala ＝コアラ　kangaroo ＝カンガルー

サントス

I want to go to France.
You can visit many museums.
I want to see Mona Lisa.

＊ Mona Lisa ＝モナ・リザ（絵画の名前）

あなた

① I want to go to ＿＿＿＿＿＿＿＿ .

② You can ＿＿＿＿＿＿＿＿ .

③ I want to ＿＿＿＿＿＿＿＿ .

97

# 小学英語の総まとめ②

🔊 **1** 絵の中の２人の会話の音声を聞きながら，会話が成り立つように，▭に入る文を
▢から選び，書きましょう。　　　　　　　　　　　　🎧🖊【1問20点】

> Do you play the guitar? / Can you play the guitar? /
> What club do you want to join? /
> Yes, I do. / No, I don't.

①

男の子：Do you have an eraser?

女の子：_____

　　　　Here you are.

男の子：Thank you!

女の子：No problem.

②

男の子：_____

女の子：No, I can't.  This is my father's
　　　　guitar.

男の子：So, can he play the guitar?

女の子：Yes.  He is a music teacher.

🔊 **2** 友だちのマリアの家で，マリアのお母さんがクレープを作ってくれます。会話を聞
いて，マリアのお母さんの質問に答えましょう。マリアの答えのあとで，あなたの
答えを言ってみましょう。　　　　　　　　　　　　🎧🗣【全部言えて20点】

???

あなた

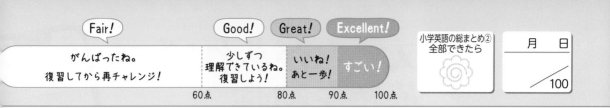

| Fair! | Good! | Great! | Excellent! |
|---|---|---|---|
| がんばったね。<br>復習してから再チャレンジ！ | 少しずつ<br>理解できているね。<br>復習しよう！ | いいね！<br>あと一歩！ | すごい！ |
| 60点 | 80点 | 90点 | 100点 |

小学英語の総まとめ②<br>全部できたら

月　日

／100

**3** 次の４コマまん画を読んで，音声を聞きながら，２コマ目と４コマ目の◯に英語を書きましょう。２コマ目はあなたの立場で書きましょう。４コマ目は正しいものを下の◯から選び，書きましょう。　【１問20点】

２コマ目のあなたの名前：

４コマ目のあなたの質問：

> Where are you from? / How do you spell your name? /
> What's your favorite food?

# スマホがあれば英語を勉強しなくてもいいの？

ミナトとリアムは，ミナトの家で遊んでいます。ミナトのお父さんのスマホを借りて，自動翻訳アプリを使ってみました。

ミナト

翻訳アプリってすごいね。これを使えば，外国語を勉強する必要はないのかな。

アプリで会話できるか，やってみよう。どうかな？　…おお，できたね。

リアム

日→英
あなたはどこに行きたいですか。
↓
Where do you want to go?

英→日
I want to go to Tokyo Skytree.
↓
わたしは東京スカイツリーに行きたいです。

わあ！　うまく翻訳されてるね！

もっとやってみよう。「はじめまして。リアムです。」

日→英
はじめまして。リアムです。
↓
Nice to meet you. This is Liam.

あれ？　「リアムです。」が This is Liam. になっちゃった。I'm Liam. か My name is Liam. じゃないの？

電話なら This is Liam. でいいけど…。やり直してみよう！　「はじめまして。**ぼくは**リアムです。」

今度は正しくできた！　「ぼくは」「わたしは」とはっきり言った方がいいんだね。

そうだね。日本語では省略してしまうことばも，きちんと言わないと正しく翻訳されないみたい。ミナトは英語を勉強してるから，まちがいに気づけたんだね。

そうか。便利な道具があっても，知識がないと正しく使えないんだね。

ときには翻訳アプリよりも，学んだ表現と身ぶり手ぶりで一生けんめい話すほうが伝わることもあるんだよ。だからできるだけたくさんの英語表現を身につけようね。中学生になると，さらにいろんなことを表現できるようになるよ！　たとえば…

### 中学1年生で勉強する英語
- 「今〜をしているよ！」と，今していることを伝える
- 「なんて〜なんだ！」と，おどろいたことや感動したことを伝える

### 中学2年生で勉強する英語
- 「〜するために…したんだ」と，目的を伝える
- 「〜に見えるね」と，見た印象を伝える
- 「わたしは，〜が…だと思う」と，自分の考えをくわしく伝える

### 中学3年生で勉強する英語
- 「今までずっと〜してたんだ」と，継続（けいぞく）していたことを伝える
- 「もし〜だったら」と，仮定の話をする

こんなにいっぱい！引き出しを増やせばどんどん楽しくなるよ！

# コミュニケーションで役立つ表現

小学校では，たくさんの英語表現を学んできましたね。
すべてを日本語のように使いこなすのはなかなか難しいものです。
ここでは，英語表現をかんぺきに使いこなせなくても，会話を続けやすくなる表現を少し，
紹介します。まねして言って練習してから，さっそく会話の中で使ってみましょう。

## ●相手の話に反応したいとき

\そうだね。/ \へえ！/ \ほんと？/

こんなときに使える表現です。音声を聞いてみましょう。

① "Hmm." 「ふーん」 　　② "Right." 「そうだね」

③ "Wow!" 「へえ！」 　　④ "Really?" 「ほんと？」

⑤ "Great!" 「すごいね！」

> ①②は「うんうん」と相づちを
> うつイメージ。
> ③④は，おどろいたときにつかうよ。
> ⑤はとくに，ほめるときの
> 反応だね。

**聞いて練習！**「相手の話に反応したいとき」の会話例を，音声で聞いてみましょう。
2回目の音声のときは，①から⑤のどれかを使って，自分で言ってみましょう。

## ●もう一度言ってほしいとき

> どうしよう…，なんて言っているか
> 聞き取れなかった。
> もう一回言ってほしいな…。

こんなときに使える表現です。音声を聞いてみましょう。

① "Sorry?" (＿↗)
② "Excuse me?" (＿↗)
③ "Pardon (me)?" (＿↗)
④ "Say that again?" (＿↗)

「もう一度
いいですか？」

> どの表現もイントネーションを
> 上げていうよ。下げると意味が
> 変わってしまうよ（① Sorry.
> 「ごめんなさい」）。③や④に
> please をつけると，
> ていねいになるよ。

**聞いて練習！** 「もう一度言ってほしいとき」の会話例を，音声で聞いてみましょう。
2回目の音声のときは，①から④のどれかを使って，自分で言ってみましょう。

## ●ちょっと考える間がほしいとき

> えっと，こういうときは
> どの表現を使うんだっけ。
> えーっと…。

こんなときに使える表現です。音声を聞いてみましょう。

① "Well, …"
② "Let me see, …"

「えっと, …」

③ "You know, …" 「ほら, …」
④ "I mean, …" 「つまり, …」

> 日本語に近い "Oh, …"
> 「おぉ…」や "Ah, …"「あぁ…」，
> "Ummm, …"「うーん…」も
> 使えるよ。①はかんたんだから，
> どんどん使ってみよう。

**聞いて練習！** 「ちょっと考える間がほしいとき」の会話例を，音声で聞いてみましょう。
2回目の音声のときは，①から④のどれかを使って，自分で言ってみましょう。

# 基礎力をつけるには くもんの小学ドリル が 強いみかた!!

スモールステップで、らくらく力がついていく!!

## 算数

### 計算シリーズ(全13巻)
① 1年生たしざん
② 1年生ひきざん
③ 2年生たし算
④ 2年生ひき算
⑤ 2年生かけ算(九九)
⑥ 3年生たし算・ひき算
⑦ 3年生かけ算
⑧ 3年生わり算
⑨ 4年生わり算
⑩ 4年生分数・小数
⑪ 5年生分数
⑫ 5年生小数
⑬ 6年生分数

### 数・量・図形シリーズ(学年別全6巻)

### 文章題シリーズ(学年別全6巻)

## 学力チェックテスト

### 算数(学年別全6巻)

### 国語(学年別全6巻)

### 英語(5年生・6年生 全2巻)

## 国語

### 1年生ひらがな

### 1年生カタカナ

### 漢字シリーズ(学年別全6巻)

### 言葉と文のきまりシリーズ(学年別全6巻)

### 文章の読解シリーズ(学年別全6巻)

### 書き方(書写)シリーズ(全4巻)
① 1年生ひらがな・カタカナのかきかた
② 1年生かん字のかきかた
③ 2年生かん字の書き方
④ 3年生漢字の書き方

## 英語

### 3・4年生はじめてのアルファベット
ローマ字学習つき

### 3・4年生はじめてのあいさつと会話

### 5年生英語の文

### 6年生英語の文

くもんの英語集中学習 小学6年生 英語にぐーんと強くなる

2023年2月 第1版第1刷発行

●監修　町田智久(国際教養大学 教授)
●カバーデザイン　辻中浩一+村松亨修(ウフ)
●カバーイラスト　亀山鶴子
●本文デザイン　小野寺冬起(オノデラデザイン事務所)
●コラムデザイン　田中小百合(osuzudesign)
●印刷・製本　株式会社 精興社

●本文イラスト　浅羽ピピ・さややん。
　　　　　　　　山本正子
●編集協力　株式会社 一校舎
●音声制作　ユニバ合同会社
●ナレーター　大武芙由美
　　　　　　　ドミニク アレン
　　　　　　　ジュリア ヤマコフ
　　　　　　　ジェフリー ロウ
　　　　　　　キンバリー ティアニー

●発行人　志村直人
●発行所　株式会社くもん出版
　〒141-8488
　東京都品川区東五反田2-10-2
　東五反田スクエア11F
　電話　編集直通　03(6836)0317
　　　　営業直通　03(6836)0305
　　　　代表　　　03(6836)0301

© 2023 KUMON PUBLISHING CO.,Ltd Printed in Japan
ISBN 978-4-7743-3366-3
落丁・乱丁はおとりかえいたします。

CD 57344　くもん出版ホームページアドレス https://www.kumonshuppan.com/

# 答え

★答え合わせは，1つずつていねいに行いましょう。

★ポイントは，問題を解くときの考え方や注意点などです。まちがえた問題のポイントは，特によく読んで，もう一度問題を解いてみましょう。

★まちがえた問題は，音声がある場合は，もう一度聞き直しましょう。

---

**レッスン 2 アルファベット②**　P.8・9

**3** ① × ② × ③ × ④ × ⑤ ×
　　⑥ ○

●●●ポイント

**3** ① 絵は hat「（ふちのある）ぼうし」，音声は cat「ねこ」です。
　② 絵は big「大きい」，音声は pig「ぶた」です。
　③ 絵は map「地図」，音声は cap「（ふちのない）ぼうし」です。
　④ 絵は dog「犬」，音声は jog「ジョギングする」です。
　⑤ 絵は bed「ベッド」，音声は red「赤色」です。
　⑥ 絵も音声も salad「サラダ」です。

))) 読まれた英語

**3** ① cat ② pig ③ cap ④ jog ⑤ red
　　⑥ salad

---

**レッスン 3 食べ物・飲み物／果物・野菜**　P.10・11

**2**

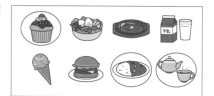

**3** (例) steak, milk

**5** (例) peach, cabbage,
　　　　 green pepper, tomato

●●●ポイント

**5** 冷蔵庫の中にある果物や野菜の名前を言いましょう。

We have a peach in the fridge.
「冷蔵庫の中にももがあります。」のように言えたらとてもすごいよ！

))) 読まれた英語

**2** ヒナ：I'd like curry and rice. I also want the cake and tea, please.
（わたしはカレーライスをいただきたいです。ケーキと紅茶もほしいです。）

---

**レッスン 4 スポーツ／動物**　P.12・13

**2**

**4**

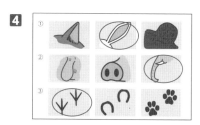

**5** (例) cat

●●●ポイント

**2** アリーヤは卓球，ミナトはサッカーとバレーボールをすると言っています。

**4** ① 左から順に，ねこの耳，うさぎの耳，くまの耳です。
　② 左から順に，さるの鼻，ぶたの鼻，ぞうの鼻です。
　③ 左から順に，鳥の足あと，馬の足あと，犬の足あとです。

))) 読まれた英語

**2** ミナト　：What sports do you play?
　　　　　（あなたは何のスポーツをしますか。）

　アリーヤ：I play table tennis. Do you play table tennis?
　　　　　（わたしは卓球をします。あなたは卓球をしますか。）

　ミナト　：No, I don't. I play soccer and volleyball.
　　　　　（いいえ，しません。わたしはサッカーとバレーボールをします。）

**4** ① ヒナ　：What's this?
　　　　　（これは何ですか。）

　リアム：It's a rabbit.
　　　　　（それはうさぎです。）

② ヒナ ： What's this?
（これは何ですか。）
リアム ： It's an elephant.
（それはぞうです。）
③ ヒナ ： What's this?
（これは何ですか。）
リアム ： It's a bird.
（それは鳥です。）

レッスン **5** 文ぼう具／動作 P.14・15

**2**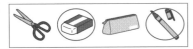

**3**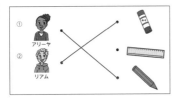

**5** ① run ② dance

●●・ポイント
**5** ①「走る」は run で表します。
②「おどる」は dance で表します。

))) 読まれた英語
**2** ミナト： I want a marker and an eraser.
（わたしはマーカーと消しごむがほ
しいです。）
**3** ① アリーヤ： I have a pencil.
（わたしはえんぴつを持って
います。）
② リアム ： I have a glue stick.
（わたしはのりを持っています。）

レッスン **6** 数字 P.16・17

**2** ① 68 ② 3 ③ 22

●●・ポイント
**2** ① green tea は「緑茶」という意味です。
② potato(es) は「じゃがいも」という意味で
す。
③ birthday は「誕生日」という意味です。

))) 読まれた英語
**2** ① リアム ： I want green tea. How
much is it?
（わたしは緑茶がほしいです。
いくらですか。）
店員 ： It's 68 yen. （68円です。）
② アリーヤ： I want potatoes.
（わたしはじゃがいもがほし

いです。）
店員 ： How many?
（いくつですか。）
アリーヤ： Three, please.
（3つください。）
③ 医師 ： When is your birthday?
（あなたの誕生日はいつです
か。）
リアム ： It's April 22nd.
（4月22日です。）

レッスン **7** 教科 P.18・19

**2** (例) English, science, P.E.
**3** ① イ ② ウ ③ ア
**4**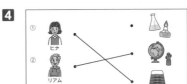

●●・ポイント
**4** like は「〜が好きである」という意味です。

))) 読まれた英語
**3** ① 女の子の父： What subject do you
have on Monday?
（月曜日は何の教科があり
ますか。）
女の子 ： I have Japanese on
Monday.
（月曜日は国語がありま
す。）
② 女の子の父： What subject do you
have on Tuesday?
（火曜日は何の教科があり
ますか。）
女の子 ： I have music on
Tuesday.
（火曜日は音楽がありま
す。）
③ 女の子の父： What subject do you
have on Wednesday?
（水曜日は何の教科があり
ますか。）
女の子 ： I have math on
Wednesday.
（水曜日は算数があります。）
**4** リアム： What subject do you like,
Hina?
（あなたは何の教科が好きですか，
ヒナ。）

ヒナ　：I like P.E.  How about you,
　　　　Liam?
　　　　（わたしは体育が好きです。あなた
　　　　はどうですか，リアム。）
リアム：I like social studies.
　　　　（わたしは社会が好きです。）

---

レッスン **8** 英文の書き方／英語の文の語順 P.20・21

**3** ① I am Minato.  ② I play soccer.

●●●ポイント
**3** ①「わたしは〜です。」という文のとき，英語で
は「わたしは」のあとに「〜です」を表す語がき
ます。
②「わたしは〜します。」という文のとき，英語
では「わたしは」のあとに「〜します」を表す語
がきます。

---

まとめ問題① レッスン **1**〜**8** P.22・23

**1** ① science, spaghetti
　　② cake, music　③ tomato, apple
　　④ sing, ice cream

**2**

| l | e | p | m | a | t | i | u | g |
|---|---|---|---|---|---|---|---|---|
| t | r | a | x | q | r | e | r | m |
| p | a | k | b | e | a | r | y | x |
| b | s | z | a | y | p | z | j | n |
| t | e | n | n | i | s | d | t | b |
| t | r | i | a | r | w | e | e | m |
| v | o | u | n | b | i | s | n | f |
| d | c | l | a | p | m | a | t | h |

**3** ① ア　② イ　③ ア　④ ウ　⑤ イ
　　⑥ ウ

**4** ① オ　② キ　③ ア　④ ク　⑤ ウ
　　⑥ カ　⑦ エ　⑧ イ

●●●ポイント
**3** ①③ fifteen「15」と twenty「20」は数字です。
②⑤ run「走る」と play「（スポーツ）をする」は
動作です。
④⑥ math「算数」と Japanese「国語」は教科で
す。

⟩⟩読まれた英語
**1** ① science, spaghetti　② cake, music
　　③ tomato, apple　④ sing, ice cream
**3** ① fifteen　② run　③ twenty　④ math
　　⑤ play　⑥ Japanese

---

レッスン **9** 好きなこと・好きではないこと P.24・25

**3** ① I like volleyball.
　　② I don't like carrots.
**4** ①（例）I like tennis.
　　②（例）I don't like soccer.

●●●ポイント
**3** ② don't のアポストロフィ（'）を忘れずになぞ
りましょう。
**4** ① I like のあとに好きなスポーツを続けて，「わ
たしは〜が好きです。」という文にしましょう。
② I don't like のあとに好きではないスポー
ツを続けて，「わたしは〜が好きではありませ
ん。」という文にしましょう。

---

レッスン **10** 得意なことを伝えよう① P.26・27

**3**

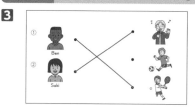

**4** ① I can play softball well.
　　② I can play table tennis well.
　　③ I can dance well.
**5** （例）I can play baseball well.

●●●ポイント
**5** I can のあとに，動作を表す語（句）を続けます。

⟩⟩読まれた英語
**3** サキ：Hi, Ben.  Do you play tennis?
　　　　（こんにちは，ベン。あなたはテニス
　　　　をしますか。）
　　　ベン：Yes.  I can play tennis well.
　　　　What do you like, Saki?
　　　　（はい。わたしはじょうずにテニスを
　　　　することができます。あなたは何が
　　　　好きですか，サキ。）
　　　サキ：I like music.  I can sing well.
　　　　（わたしは音楽が好きです。じょうず
　　　　に歌うことができます。）

---

レッスン **11** 得意なことを伝えよう② P.28・29

**4** ① I'm good at singing.
　　② I'm good at skiing.
　　③ I'm good at baseball.
**5** I'm good at cooking.

5 I'm good at のあとに，得意なことを表す語
を続けます。

レッスン 12 誕生日を伝えよう　P.30・31

4 ① My birthday is August 1st.

② My birthday is November 14th.

5 （例）My birthday is December
12th.

●●●ポイント
5 My birthday is のあとに，誕生日の日付を続
けます。

> 月の名前は最初の文字
> を大文字にしよう！

レッスン 13 いちばん好きなものを伝えよう　P.32・33

3 ① My favorite subject is P.E.

② My favorite color is orange.

4 （例）My favorite food is curry and
rice.

●●●ポイント
4 My favorite ... is 〜. の〜に "hamburger" な
どの数えられる単語が入るときは，hamburgers
と2つ以上を表す s(es)をつけます。

> My favorite food is
> は言えなくてもいいよ。

レッスン 14 出身地をたずねあおう

▶ I'm from Australia.　P.34・35

5

① Mila
② Anthony

●●●ポイント
5 I'm from 〜. は「わたしは〜出身です。」と，自
分の出身地を伝える表現です。

》読まれた英語
5 アンソニー：Hi, Mila.  Are you from
Italy?
（こんにちは，ミラ。あなたは
イタリア出身ですか。）
ミラ　　　：No.  I'm from France.

How about you, Anthony?
（いいえ。わたしはフランス出
身です。あなたはどうですか，
アンソニー。）
アンソニー：I'm from Germany.
（わたしはドイツ出身です。）

▶ Where are you from?　P.36・37

3 ③

4 ① I'm from Japan.

② I'm from Italy.

③ I'm from Australia.

④ Where are you from?

5 Where are you from?

●●●ポイント
3 Where are you from? は「あなたはどこの出
身ですか。」と，相手の出身地をたずねる表現
です。

》読まれた英語
3 ケン　：Hi, I'm Ken.  Where are you
from?
（こんにちは，わたしはケンです。
あなたはどこの出身ですか。）
マリア：Hi, I am Maria.  I am from
Canada.
（こんにちは，わたしはマリアです。
わたしはカナダ出身です。）

まとめ問題② レッスン 9〜14　P.38・39
1
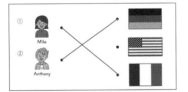
① ジョアンの誕生日
② ジョアンの食べたい物

2

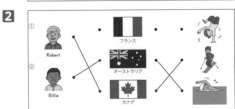
① Robert
② Billie
フランス　オーストラリア　カナダ

3 ① ウ　② ア

4 My favorite food is steak.

4

## ●●●ポイント

**1** I want ～ for my birthday. は「わたしは誕生日に～がほしいです。」という意味です。

## )) 読まれた英語

**1** 男の子 ：Hi, Joanne. When is your birthday?
（こんにちは，ジョアン。あなたの誕生日はいつですか。）

ジョアン：It's November 17th.
（11月17日です。）

男の子 ：Really? My birthday is in November, too. What do you want for your birthday?
（本当ですか。わたしの誕生日も11月です。あなたは誕生日に何がほしいですか。）

ジョアン：I want a strawberry cake for my birthday. I like strawberries.
（わたしは誕生日にいちごのケーキがほしいです。わたしはいちごが好きです。）

**2** ① ロバート：My name is Robert.
（わたしの名前はロバートです。）

女の子 ：Hi, Robert. Where are you from?
（こんにちは，ロバート。あなたはどこの出身ですか。）

ロバート：I'm from Canada. I'm good at skiing.
（わたしはカナダ出身です。スキーが得意です。）

女の子 ：That's cool. （かっこいいですね。）

② ビリー ：My name is Billie.
（わたしの名前はビリーです。）

男の子 ：Hi, Billie. Where are you from?
（こんにちは，ビリー。あなたはどこの出身ですか。）

ビリー ：I'm from Australia. I'm good at swimming.
（わたしはオーストラリア出身です。水泳が得意です。）

男の子 ：That's nice. （すてきですね。）

**4** 男の子：My favorite food is steak.
（わたしのいちばん好きな食べ物はステーキです。）

女の子：Oh, really? Mine, too.
（あら，本当ですか。わたしもです。）

レッスン**15** 何時に起きる？

▶ I get up at 7:00.　　　P.42・43

**4**
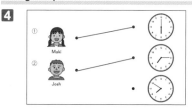

## ●●●ポイント

**4** I get up at ～. は「わたしは～時に起きます。」と，自分の起きる時刻を伝える表現です。

## )) 読まれた英語

**4** マキ ：I get up at six every day. I do my homework in the morning.
（わたしは毎日6:00に起きます。朝に宿題をします。）

ジョシュ：Wow! That's great, Maki. I get up at seven fifteen.
（おお！ すごいですね，マキ。わたしは7:15に起きます。）

マキ ：Really? Josh, you get up a bit late.
（本当ですか。ジョシュ，少し起きるのがおそいですね。）

▶ What time do you get up?　　P.44・45

**3** 7:30

**4** ① I get up at 7:00.
② What time do you get up?

**5** （例）I get up at 6:30.

## ●●●ポイント

**3** What time do you get up? は「あなたは何時に起きますか。」と，相手の起きる時刻をたずねる表現です。

**5** 6:30は six thirty と読みます。

## )) 読まれた英語

**3** 女の子 ：Santos, what time do you get up?
（サントス，あなたは何時に起きますか。）

サントス：I get up at seven thirty.
（わたしは7時30分に起きます。）

5

▶ I study English on Sunday.　P.46・47

**5**

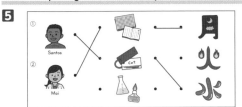

●●ポイント
**5** 〈on ＋曜日〉は「～曜日に」という意味です。

))) 読まれた英語
**5** ① 女の子　：Hi, Santos.  Let's play baseball after school on Wednesday.
（こんにちは，サントス。水曜日の放課後に野球をしましょう。）

サントス：Sorry.  I study English on Wednesday.
（ごめんなさい。水曜日は英語を勉強します。）

② 男の子：Hi, Mai.  Do you study science on Monday?
（こんにちは，マイ。あなたは月曜日に理科を勉強しますか。）

マイ　：No.  I study Japanese on Monday.
（いいえ。月曜日は国語を勉強します。）

▶ What subject do you study on Sunday?　P.48・49

**3** ③

**4** ① I study Japanese.

② What subject do you study after school on Monday?

**5** （例）I study social studies.

●●ポイント
**3** What subject do you study on ～? は「あなたは～曜日に何の教科を勉強しますか。」と，相手が勉強する教科をたずねる表現です。

**4**

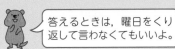
答えるときは，曜日をくり返して言わなくてもいいよ。

))) 読まれた英語
**3** 先生　：Do you study every day?
（あなたは毎日勉強しますか。）
男の子：Yes. （はい。）

先生　：What subject do you study on Saturday?
（あなたは土曜日に何の教科を勉強しますか。）
男の子：I study science.
（理科を勉強します。）

▶ Do you study English on Sunday?　P.50・51

**5** ③

●●ポイント
**5** Do you ～ on ...? は「あなたは…曜日に～しますか。」と，相手の習慣をたずねる表現です。

))) 読まれた英語
**5** タクト　：Judy, do you watch TV on Saturday?
（ジュディ，あなたは土曜日にテレビを見ますか。）
ジュディ：No.  I clean my room on Saturday.
（いいえ。わたしは土曜日に自分の部屋をそうじします。）

▶ Yes, I do. / No, I don't.　P.52・53

**3** ③

**4** ① Do you play table tennis on Monday?

② No, I don't.

**5** （例）I play video games on Friday.

●●ポイント
**5** とくに「毎週金曜日に」と伝えたいときは on Fridays と曜日に s をつけます。

))) 読まれた英語
**3** 女の子：Do you do your homework on Friday?
（あなたは金曜日に宿題をしますか。）
男の子：Yes, I do.  I sometimes go to the library.
（はい，します。わたしはときどき図書館に行きます。）

**1** ① 日曜日 / 土曜日

② 算数を勉強する / テレビを見る

**2**

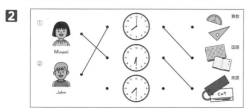

**3**

**4** ① (例) I study social studies.

② (例) Yes, I do.

③ (例) No, I don't.

●●ポイント
**4** ① I study のあとに教科名を続けます。
②③ する場合は Yes, I do.、しない場合は No, I don't. と答えます。

》読まれた英語
**1** ① 女の子：Let's go to see a movie on Sunday, Noah.
（日曜日に映画を見に行きましょう、ノア。）

ノア ：Sorry. I always clean my room on Sunday.
（ごめんなさい。日曜日はいつも自分の部屋をそうじします。）

女の子：OK. How about Saturday?
（わかりました。土曜日はどうですか。）

ノア ：I do my homework on Saturday.
（土曜日は宿題をします。）

② 男の子 ：Are you tired, Sandra?
（あなたはつかれていますか、サンドラ。）

サンドラ：Yes. I study math after school on Monday and Wednesday.
（はい。わたしは月曜日と水曜日の放課後に算数を勉強します。）

男の子 ：Wow! You're working hard!
（わあ！ あなたはがんばっていますね！）

サンドラ：Yes, but I watch TV on Tuesday and Friday.
（はい、でも火曜日と金曜日はテレビを見ます。）

**2** ① 男の子：What do you usually do on Saturday, Minami?
（あなたは土曜日にふだん何をしますか、ミナミ。）

ミナミ：I get up at six thirty. I clean my room in the morning on Saturday.
（わたしは 6:30 に起きます。土曜日は朝に自分の部屋をそうじします。）

男の子：Wow! You get up early!
（わあ！ 早起きですね！）

ミナミ：After that, I study English in the afternoon.
（そのあと、午後に英語を勉強します。）

② 女の子：What time do you get up on Saturday, John?
（土曜日にあなたは何時に起きますか、ジョン。）

ジョン：I get up at eight. I usually go to the library.
（わたしは 8 時に起きます。たいてい図書館に行きます。）

女の子：That's nice. Do you read books there?
（すてきですね。そこで本を読むのですか。）

ジョン：No. I study Japanese.
（いいえ。国語を勉強します。）

**3** 女の子：I'm hungry.
（わたしはおなかがすいています。）

男の子：Really? It's only ten thirty a.m. Do you have breakfast every morning?
（本当ですか。まだ午前 10 時 30 分ですよ。あなたは毎朝朝食を食べますか。）

女の子：Yes, I do. I get up at six and have breakfast with my family at six thirty.
（はい、食べます。わたしは 6 時に起きて、家族といっしょに 6 時 30 分に朝食を食べます。）

**レッスン 18 自分の町を紹介しよう** P.56・57

**4** We have a castle in our town.

**5** (例) We have a stadium in our town.

●●●ポイント
**4** We have ～ in our town. は「わたしたちの町には～があります。」と，自分たちの町にあるし設などを紹介する表現です。

**レッスン 19 町で楽しめることを伝えよう** P.58・59

**4** ① We can enjoy cycling.

　② We can enjoy hiking in the park.

**5** (例) We can enjoy running in the park.

●●●ポイント
**4** We can enjoy ～. は「わたしたちは～を楽しむことができます。」と，話題にしているし設などで楽しめることを伝える表現です。

**レッスン 20 季節の行事について話そう** P.60・61

**4** We have Christmas in winter.

**5** (例) We have Dolls' Festival in spring.

●●●ポイント
**4** We have ～ in …. は「…には～があります。」と，季節にある行事を伝える表現です。

**まとめ問題④ レッスン 18～20** P.62・63

**1**

**2**

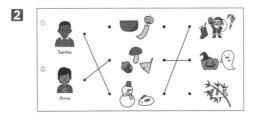

**3**

**4** ① running　② fishing

●●●ポイント
**1** roller coaster は「ジェットコースター」という意味です。

)) 読まれた英語
**1** We have an amusement park in our town. It's so big. We can ride a roller coaster there. We can enjoy shopping there, too.
（わたしたちの町には遊園地があります。それはとても大きいです。わたしたちはそこでジェットコースターに乗ることができます。そこでは買い物を楽しむこともできます。）

**2** ① 女の子　：Hi, Santos. What season do you like the best?
（こんにちは，サントス。あなたはどの季節がいちばん好きですか。）

　サントス：I like winter. We have Christmas in winter.
（わたしは冬が好きです。冬にはクリスマスがあります。）

　② 男の子　：Hi, Anna. Do you like summer?
（こんにちは，アナ。あなたは夏が好きですか。）

　アナ　　：No, I don't. I like fall. We have Halloween in fall.
（いいえ，好きではありません。わたしは秋が好きです。秋にはハロウィンがあります。）

**3** I'm Miku. I'm from Sendai. We have Star Festival in summer. I like summer very much.
（わたしはミクです。仙台出身です。夏には七夕があります。わたしは夏がとても好きです。）

**4** ① 男の子：I want to go to your city. What kind of place is it?
（わたしはあなたの市に行きたいです。あなたの市はどのような場所ですか。）

　女の子：It's big. We have a stadium in our city. We can enjoy running at the stadium.
（大きいです。わたしたちの市に

はスタジアムがあります。わたしたちはそのスタジアムでランニングを楽しむことができます。）

男の子：Sounds nice.
（すてきですね。）

② 男の子：Do you like fishing?
（あなたはつりが好きですか。）

女の子：Yes, I do. Why?
（はい，好きです。なぜですか。）

男の子：We have a park in our town. We can enjoy fishing in the park.
（わたしたちの町には公園があります。その公園ではつりを楽しむことができます。）

女の子：Oh, I want to go there.
（おお，わたしはそこに行きたいです。）

### レッスン21 夏休みはどこに行った？　P.64·65

3

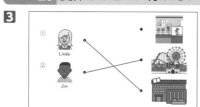

4 ① I went to Osaka Castle.

② I went to Saitama Stadium.

5 （例）I went to an aquarium.

●●ポイント
3 I went to 〜. は「わたしは〜に行きました。」と，自分が行った場所を伝える表現です。

)) 読まれた英語
3 ① 男の子：Hi, Linda. What is this book?
（こんにちは，リンダ。この本は何ですか。）

リンダ：It's a dictionary. I went to a library.
（これは辞書です。わたしは図書館に行きました。）

② 女の子：Hi, Jim. How was your summer vacation?
（こんにちは，ジム。夏休みはどうでしたか。）

ジム：I went to an amusement park with my family. It was great!
（家族といっしょに遊園地に行き

ました。とてもよかったです！）

### レッスン22 昨日何をした？　P.66·67

4 ① I enjoyed cooking.

② I studied English.

5 （例）I watched YouTube.

●●ポイント
4 「〜しました」と過去の動作を表すときは，動作を表す語の形が変わります。

### レッスン23 昼食は何を食べた？　P.68·69

3 ① I ate ice cream after dinner.

② I ate cake at 3:00.

4

| m | i | s | p | o | r | e | w | q |
|---|---|---|---|---|---|---|---|---|
| f | c | a | k | e | s | z | u | p |
| h | g | l | i | v | t | b | c | e |
| s | p | a | g | h | e | t | t | i |
| y | u | d | m | v | a | c | z | k |
| b | u | d | n | q | k | l | m | h |
| h | a | m | b | u | r | g | e | r |
| x | r | v | t | v | k | o | i | a |
| w | i | o | j | p | i | z | z | a |

5 （例）I ate spaghetti.

●●ポイント
3 I ate 〜. は「わたしは〜を食べました。」と，自分が食べたものを伝える表現です。

)) 読まれた英語
4 アキト：I'm Akito. I ate pizza.
アナ：I'm Anna. I ate spaghetti.
サントス：I'm Santos. I ate steak.
ユキノ：I'm Yukino. I ate salad.
エディ：I'm Eddy. I ate a hamburger.

### レッスン24 いちばんの思い出は？　P.70·71

4 My best memory is our chorus contest.

5 （例）My best memory is our sports day.

●●ポイント
4 My best memory is our 〜. は「わたしのいちばんの思い出は〜です。」と，学校生活のいちばんの思い出を伝える表現です。

**3**

① Arisa
② Kaito

広島
奈良
仙台

**4** We went to Hakodate.

**5** (例) We went to Nara.

●●●ポイント

**3** We went to ～. は「わたしたちは～に行きました。」と，自分たちが行った場所を伝える表現です。

))) 読まれた英語

**3** ① 男の子：Hi, Arisa. Are you from a school in Yamagata?
（こんにちは，アリサ。あなたは山形の学校出身ですか。）

アリサ：Yes.（はい。）

男の子：Where did you go on a school trip?
（あなたは修学旅行でどこに行きましたか。）

アリサ：We went to Sendai.
（わたしたちは仙台に行きました。）

② 女の子：Hi, Kaito. Where did you go on a school trip? You are from Nara, right?
（こんにちは，カイト。あなたは修学旅行でどこに行きましたか。あなたは奈良出身ですよね。）

カイト：Yes. We went to Hiroshima. We go to Hiroshima every year.
（はい。広島に行きました。わたしたちは毎年広島に行きます。）

**4** ① We saw a shrine.

② We saw an old temple.

③ We saw a castle.

**5** (例) We saw a tower.

●●●ポイント

**4** We saw ～. は「わたしたちは～を見ました。」と，自分たちが見たものを伝える表現です。

**4** ① It was nice. ② It was wonderful.

③ It was not fun.

**5** (例) It was great.

●●●ポイント

**4** It was ～. で「それは～でした。」と，感想を伝えることができます。

**5**

ほかにもこんな言い方があるよ。
・It was not interesting.
　「それはおもしろくなかったです。」
・It was not exciting.
　「それはわくわくしませんでした。」

**1**

**2**

① Patrick
② Daisy

すてきな
とてもよい
わくわくさせる

**3** ① We went to Osaka.

② We ate *takoyaki*.

**4** ① We went to Kyoto.

② We enjoyed hiking.

③ We saw Togetsukyo Bridge.

④ It was interesting [fun].

●●●ポイント

**3** ①「わたしたちは大阪に行きました。」という文にします。

②「わたしたちはたこ焼きを食べました。」という文にします。

))) 読まれた英語

**1** My best memory is our chorus contest. I like singing very much. We practiced hard and enjoyed singing. It was wonderful.

（わたしのいちばんの思い出は合唱コンクールです。わたしは歌うのがとても好きです。わたしたちは一生けんめい練習して，歌うのを楽しみました。それはすばらしかったです。）

**2** ① 女の子 ： Hi, Patrick.  How was your summer vacation?
（こんにちは，パトリック。夏休みはどうでしたか。）

パトリック： I went to Mizumoto Park.  I enjoyed fishing.  It was nice.
（わたしは水元公園に行きました。つりを楽しみました。それはすてきでした。）

② 男の子 ： Hi, Daisy.  Did you enjoy your winter vacation?
（こんにちは，デイジー。あなたは冬休みを楽しみましたか。）

デイジー ： Yes.  I went to Kawashimo Park.  I enjoyed skiing.  It was exciting.
（はい。わたしは川下公園に行きました。スキーを楽しみました。それはわくわくしました。）

**3** 男の子 ： Look at this picture!  You are here.  Where did you go?
（この写真を見て！ あなたたちはここにいます。あなたたちはどこに行ったのですか。）

女の子 ： We went to Osaka.
（わたしたちは大阪に行きました。）

男の子 ： Great.  What did you do there?
（いいですね。あなたたちはそこで何をしましたか。）

女の子 ： We ate *takoyaki*.  It was fun.
（わたしたちはたこ焼きを食べました。それは楽しかったです。）

レッスン**28** 入りたい部活をたずねよう

▶ I want to join the tennis team. P.80・81

**5**

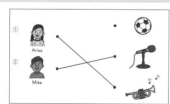

●●●ポイント
**5** I want to join the 〜. は「わたしは〜部に入りたいです。」と，自分が入りたい部活を伝える表現です。

》読まれた英語
**5** ① 男の子： Hi, Arisa.  There are many clubs in this school!

（こんにちは，アリサ。この学校にはたくさんの部活がありますね！）

アリサ ： Yes.  I want to join the brass band.  I want to play the trumpet.
（はい。わたしは吹奏楽部に入りたいです。トランペットを演奏したいです。）

② 女の子： Hi, Mike.  Are you on the soccer team now?
（こんにちは，マイク。あなたは今サッカー部に入っていますか。）

マイク ： No.  I want to join the broadcasting club.
（いいえ。わたしは放送部に入りたいです。）

女の子 ： Oh, really?  Good luck!
（ああ，そうなんですか。がんばって！）

▶ What club do you want to join? P.82・83

**3** ④

**4** ① I want to join **the soccer team.**
② I want to join **the art club.**

**5** （例） I want to join the basketball team.

●●●ポイント
**3** What club do you want to join? は「あなたは何の部活に入りたいですか。」と，相手の入りたい部活をたずねる表現です。

**5**  以下の部活を書いてもいいよ。

the softball team（ソフトボール部）
the volleyball team（バレーボール部）
the table tennis team（卓球部）
the badminton team（バドミントン部）
the track and field team（陸上部）
the gymnastics team（体操部）
the drama club（演劇部）
the newspaper club（新聞部）
the photography club（写真部）
the cooking club（料理部）
the science club（科学部）

》読まれた英語
**3** コウタ： Hi, Lisa.  What club do you want to join?
（こんにちは，リサ。あなたは何の部活に入りたいですか。）

リサ　：Hi, Kota. I want to join the chorus. How about you?
（こんにちは，コウタ。わたしは合唱部に入りたいです。あなたはどうですか。）

コウタ：I want to join the tennis team.
（わたしはテニス部に入りたいです。）

## レッスン29 中学でやりたいこと　P.84・85

**3**

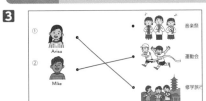

**4** ① I want to enjoy **the music festival.**

② I want to enjoy **the field trip.**

**5** （例）I want to enjoy the chorus contest.

●●●ポイント
**3** I want to enjoy ～. は「わたしは～を楽しみたいです。」と，自分の楽しみたいことを伝える表現です。

♪)) 読まれた英語
**3** マイク：Hi, Arisa. What school event do you want to enjoy?
（こんにちは，アリサ。あなたは何の学校行事を楽しみたいですか。）

アリサ：I want to enjoy the school trip. I want to go to Hokkaido. How about you, Mike?
（わたしは修学旅行を楽しみたいです。北海道に行きたいです。マイク，あなたはどうですか。）

マイク：I want to enjoy the sports day. I'm good at sports.
（わたしは運動会を楽しみたいです。わたしはスポーツが得意です。）

## レッスン30 なりたい職業をたずねよう
▶ **What do you want to be?**　P.86・87

**5** ③

●●●ポイント
**5** What do you want to be? は「あなたは何になりたいですか。」と，相手になりたい職業をたずねる表現です。

♪)) 読まれた英語
**5** 男の子：Hi, Hana. You always play baseball.
（こんにちは，ハナ。あなたはいつも野球をしていますね。）

ハナ　：Yes, I like playing baseball.
（はい，わたしは野球をするのが好きです。）

男の子：What do you want to be?
（あなたは何になりたいですか。）

ハナ　：I want to be a baseball player.
（わたしは野球選手になりたいです。）

▶ **I want to be a teacher.**　P.88・89

**3**

**4** ① I want to be a cook.

② I want to be a police officer.

**5** （例）I want to be a baseball player.

●●●ポイント
**3** I want to be ～. は「わたしは～になりたいです。」と，自分のなりたい職業を伝える表現です。

♪)) 読まれた英語
**3** ① リサ　　：I'm Lisa. I want to be a doctor.
（わたしはリサです。わたしは医者になりたいです。）

② ヒロキ　：I'm Hiroki. I want to be a teacher.
（わたしはヒロキです。わたしは教師になりたいです。）

③ マユ　　：I'm Mayu. I want to be a nurse.
（わたしはマユです。わたしは看護師になりたいです。）

④ イーサン：I'm Ethan. I want to be a cook.
（わたしはイーサンです。わたしは料理人になりたいです。）

**1**

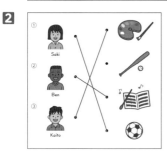

**2**

**3**

( 2 ) ( 3 ) ( 1 )

**4** ① I want to be a singer.

② I want to join the brass band.

●●●ポイント

**4** ①「わたしは歌手になりたいです。」という文にします。

②「わたしは吹奏楽部に入りたいです。」という文にします。

》読まれた英語

**1** ① 佐々木先生：Hi, I'm Ms. Sasaki, a junior high school teacher. Please tell me about you. What do you want to do in our junior high school?

（こんにちは，わたしは中学校教師の佐々木です。あなたについて教えてください。あなたはわたしたちの中学校で何をしたいですか。）

サヤカ ：Hi, Ms. Sasaki. I'm Sayaka. I'm good at running. I want to enjoy the sports day.

（こんにちは，佐々木先生。わたしはサヤカです。わたしは走るのが得意です。運動会を楽しみたいです。）

② 女の子 ：Hi, Paul. You always look at maps. Do you like maps?

（こんにちは，ポール。あなたはいつも地図を見ていますね。地図が好きなのですか。）

ポール ：Yes, I do. I like maps. I like to visit many places. I want to enjoy the school trip to Kyoto.

（はい。わたしは地図が好きです。たくさんの場所を訪れるのが好きです。わたしは京都への修学旅行を楽しみたいです。）

**2** ① 男の子 ：What club do you want to join, Saki?

（あなたは何の部活に入りたいですか，サキ。）

サキ ：I want to join the soccer team. I can play soccer well.

（わたしはサッカー部に入りたいです。わたしはじょうずにサッカーをすることができます。）

② 女の子 ：What club do you want to join, Ben?

（あなたは何の部活に入りたいですか，ベン。）

ベン ：I want to join the chorus. I'm good at singing.

（わたしは合唱部に入りたいです。わたしは歌うのが得意です。）

③ 女の子 ：What club do you want to join, Kaito?

（あなたは何の部活に入りたいですか，カイト。）

カイト ：I want to join the art club. I can draw pictures well.

（わたしは美術部に入りたいです。わたしはじょうずに絵をかくことができます。）

**3** ジュディ：What's that, Ren?

（それは何ですか，レン。）

レン ：Hi, Judy. This is an English story book. I like reading English books.

（こんにちは，ジュディ。これは英語の物語の本です。わたしは英語の本を読むのが好きです。）

ジュディ：Wow, great! So, what club do you want to join in junior high school?

（わあ。すごいです！ それで，あなたは中学校で何の部活に入

りたいですか。）

レン : Me?  I want to join the English club.  I want to read more English books and sing English songs.
（わたしですか。英語部に入りたいです。英語の本をもっと読んだり，英語の歌を歌ったりしたいです。）

ジュディ : That sounds great.
（すばらしいですね。）

レン : How about you?
（あなたはどうですか。）

ジュディ : I want to join the basketball team.  I like the NBA.  I want to be a professional basketball player.  How about you?
（わたしはバスケットボール部に入りたいです。ＮＢＡが好きなんです。プロのバスケットボール選手になりたいです。あなたはどうですか。）

レン : I want to be an English teacher.  I want to teach English.
（わたしは英語の先生になりたいです。英語を教えたいです。）

**4** ① 男の子 : What do you want to be?
（あなたは何になりたいですか。）

女の子 : I want to be a singer.
（わたしは歌手になりたいです。）

② 女の子 : What club do you want to join?
（あなたは何の部活に入りたいですか。）

男の子 : I want to join the brass band.
（わたしは吹奏楽部に入りたいです。）

### ┗まとめのテスト①　　　P.92・93

**1**
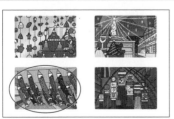

---

**2**

① サラのいちばんの思い出
② サラが演奏した楽器
③ サラの感想
すばらしい　おもしろい　たいくつな

**3** ① I want to be a doctor.
② I like singing very much.
③ I want to join the chorus.

### ●●・ポイント

**1** ヒロは出身地の熊本について話しています。熊本には温泉があり，春にはこいのぼりをたくさん見ることができると言っています。

### 》読まれた英語

**1** 女の子 : Where are you from, Hiro?
（ヒロ，あなたはどこの出身ですか。）

ヒロ : I'm from Kumamoto.  We have an *onsen* in our town.
（わたしは熊本出身です。わたしたちの町には温泉があります。）

女の子 : Great.  In winter, I sometimes go to an *onsen* with my family.
（すばらしいです。冬には，わたしはときどき家族と温泉に行きます。）

ヒロ : Good!  You can also enjoy *koinobori* in spring.  In Japan, we have Children's Day in May.  We can see many *koinobori* in Kumamoto on Children's Day.
（いいですね！ あなたは春にはこいのぼりを見て楽しむことができますよ。日本には，5月にこどもの日があります。こどもの日には，わたしたちは熊本でたくさんのこいのぼりを見ることができます。）

**2** ハヤト : What is the best memory in your school life?
（あなたの学校生活でいちばんの思い出は何ですか。）

サラ : My best memory is our music festival.
（わたしのいちばんの思い出はわたしたちの音楽祭です。）

ハヤト : What did you play in the festival?

（その音楽祭で，あなたは何を演奏しましたか。）

サラ　：I played the piano. We performed "Wings to Fly." It was wonderful.
（わたしはピアノをひきました。わたしたちは"Wings to Fly"（『翼をください』）を演奏しました。それはすばらしかったです。）

## まとめのテスト②　P.94・95

**1** ③

**2**

**3** ① （例）We <u>went to</u> <u>Kyoto</u> on the school trip.

② （例）We <u>saw</u> <u>the tower</u>.

③ （例）I <u>ate</u> *yuba*.

④ （例）It <u>was</u> <u>wonderful</u>.

**4** ① （例）We have <u>a zoo</u> in our town[city].

② （例）We can <u>see an elephant</u> there.

### ●●●ポイント

**1** モモカが何曜日に何をしたかを，注意して聞き取りましょう。

**2** I want to ～. は「わたしは～がしたいです。」という意味です。

### ᭒）読まれた英語

**1** 男の子：How was your weekend, Momoka?
（週末はどうでしたか，モモカ。）

モモカ：It was great. I went to the aquarium with my family on Saturday.
（すばらしかったです。わたしは土曜日に家族と水族館へ行きました。）

男の子：Wow. What did you see?
（わあ。あなたたちは何を見ましたか。）

モモカ：We saw a lot of penguins. They were so cute.
（わたしたちはたくさんのペンギンを見ました。それらはとてもかわいかったです。）

男の子：What did you do on Sunday?
（日曜日は何をしましたか。）

モモカ：I was at home. I usually do my homework on Sunday.
（わたしは家にいました。わたしは日曜日はたいてい宿題をします。）

**2** ベン　：Hi, Kokoro. Our summer vacation will start next week.
（こんにちは，ココロ。わたしたちの夏休みが来週始まりますね。）

ココロ：Yes! What do you want to do?
（はい！　あなたは何がしたいですか。）

ベン　：I want to enjoy camping with my family. My favorite food is curry and rice. So I want to make curry and rice with them.
（わたしは家族とキャンプを楽しみたいです。わたしの大好きな食べ物はカレーライスです。だから，わたしはかれらとカレーライスを作りたいです。）

ココロ：That sounds good!
（それはよさそうですね！）

## 小学英語の総まとめ①　P.96・97

**1**
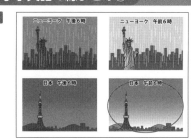

**2**

**3**

**4** ① (例) I want to go to Germany.

② (例) You can see castles.

③ (例) I want to draw pictures.

●●●ポイント

**1** ケンタとジュディが，日本とニューヨーク（アメリカ）でオンライン通話をしています。それぞれの時刻を聞き取りましょう。

**2** go straight は「まっすぐ行く」，turn right at 〜は「〜を右に曲がる」，It's next to 〜. は「それは〜のとなりにあります。」という意味です。

))) 読まれた英語

**1** ケンタ ：Hi, Judy. Good morning.
（やあ，ジュディ。おはよう。）

ジュディ：Hi, Kenta. It's not morning here in New York.
（こんにちは，ケンタ。ここニューヨークは朝じゃないですよ。）

ケンタ ：Oh, really? What time is it there?
（ええ，本当ですか。そちらは何時ですか。）

ジュディ：It's four p.m. What time is it in Japan?
（午後4時です。日本は何時ですか。）

ケンタ ：It's six in the morning.
（朝の6時です。）

ジュディ：You always wake up early!
（あなたはいつも早起きですね！）

ケンタ ：Yes. I always get up around six and study English.
（はい。わたしはいつも6時ごろに起きて，英語を勉強します。）

ジュディ：Great. It's rainy today. How about in Japan?
（すばらしいですね。今日は雨です。日本はどうですか。）

ケンタ ：It's sunny here.
（こちらは晴れています。）

**2** 女性：Excuse me. Where is Minami Park?
（すみません。南公園はどこですか。）

男性：Go straight and turn right at the post office. It's next to the museum.
（まっすぐ行って郵便局を右に曲がってください。それは博物館のとなりにあります。）

女性：OK. Thank you.
（わかりました。ありがとうございます。）

男性：You're welcome. You can enjoy cycling in Minami Park.
（どういたしまして。南公園ではサイクリングを楽しむことができますよ。）

女性：Yes. I want to enjoy cycling there.
（はい。わたしはそこでサイクリングを楽しみたいです。）

男性：Have a nice day!
（よい一日を！）

**3** ハンナの父：Hi, Hannah. How was your school day?
（やあ，ハンナ。学校はどうだった？）

ハンナ ：Hi, Dad. It was great. I have music and P.E. on Monday. We played the recorder in the music class.
（はい，お父さん。とても楽しかったよ。月曜日は音楽と体育があるの。わたしたちは音楽の授業でリコーダーをふいたよ。）

ハンナの父：Can you play the recorder well?
（リコーダーはじょうずにふけるの？）

ハンナ ：Yes, I can. I like it very much. In the P.E. class, we enjoyed dancing.
（うん，ふけるよ。わたしはそれが大好きなんだ。体育の授業では，わたしたちはダンスを楽しんだよ。）

ハンナの父：That's nice. Who is your P.E. teacher?
（それはよかったね。体育の先生はだれ？）

ハンナ ：Ms. Matsumoto. She is good at dancing. After we ate lunch, we played dodgeball. It was fun.
（松本先生だよ。彼女はダンスがじょうずなんだ。昼食を食べたあと，わたしたちはドッジボールをした。楽しかったよ。）

1 ① Yes, I do.

　② Can you play the guitar?

2 (🔊)(例) I like peaches and apples.

3 2コマ目　(例) My name is Nana.

　[I'm Nana.]

　4コマ目　How do you spell your

name?

### ●●●ポイント

2 マリアのお母さんは What fruit do you like?「あなたたちは何の果物が好きですか。」とたずねています。マリアにならって，I like ～.「わたしは～が好きです。」と答えましょう。2つあるときは，I like 〇〇 and 〇〇.「わたしは〇〇と〇〇が好きです。」，3つ以上あるときは，I like 〇〇，〇〇 and 〇〇.「わたしは〇〇と〇〇と〇〇が好きです。」と言います。絵の中にある果物をヒントにしてもよいです。絵の中には，strawberry「いちご」，peach「もも」，banana「バナナ」，melon「メロン」，grapes「ぶどう」，orange「オレンジ」，apple「りんご」があります。I like ～.「わたしは～が好きです。」と言うときは，果物を表す単語は2個以上を表す形にして，strawberries，peaches，bananas，melons，grapes，oranges，apples とします。

3 2コマ目は，My name is ～.「わたしの名前は～です。」や I'm ～.「わたしは～です。」を使って自分の名前を書きましょう。

　4コマ目は，ジェイコブの名前のつづりをたずねようとしているので，「あなたの名前はどのようにつづりますか。」とたずねる英文を選んで書きましょう。

### 🔊 読まれた英語

2 マリアの母：Let's make crepes together!
　　　　　　　We have many fruits.
　　　　　　　What fruit do you like?
　　　　　　　(いっしょにクレープを作りましょう！　わたしたちはたくさんの果物があります。あなたたちは何の果物が好きですか。)

　マリア　　：I like bananas!
　　　　　　　(わたしはバナナが好きです！)

### 🔊 読まれた英語

●相手の話に反応したいとき
　女の子：I want to be a police officer in the future.
　男の子：Great!

●もう一度言ってほしいとき
　男の子：Where is the city hall?
　女の子：Say that again?

●ちょっと考える間がほしいとき
　女性　：What would you like?
　男の子：Well, I'd like tea, please.

 最後までよくがんばったね！

# 単語にぐーんと強くなる

★P.00の数字は，本冊で学習するページです。
★音声を聞いて，書いて練習しましょう。書けるようになったら，□に✔しましょう。

P.10 □ ピザ
pizza

□ ハンバーガー
hamburger

□ カレーライス
curry and rice

□ スパゲッティ
spaghetti

□ ステーキ
steak

□ サラダ
salad

□ ケーキ
cake

□ アイスクリーム
ice cream

□ コーヒー
coffee

□ 紅茶
tea

□ 緑茶
green tea

□ ジュース
juice

□ ソーダ
soda

| | 牛乳（ぎゅうにゅう） | milk |
|---|---|---|
| | ☐ ミネラルウォーター | mineral water |
| P.11 🔊 | ☐ りんご | apple |
| | ☐ バナナ | banana |
| | ☐ ぶどう | grapes |
| | ☐ メロン | melon |
| | ☐ オレンジ | orange |
| | ☐ もも | peach |
| | ☐ いちご | strawberry |
| | ☐ スイカ | watermelon |
| | ☐ キャベツ | cabbage |
| | ☐ にんじん | carrot |
| | ☐ きゅうり | cucumber |
| | ☐ なす | eggplant |
| | ☐ ピーマン | green pepper |

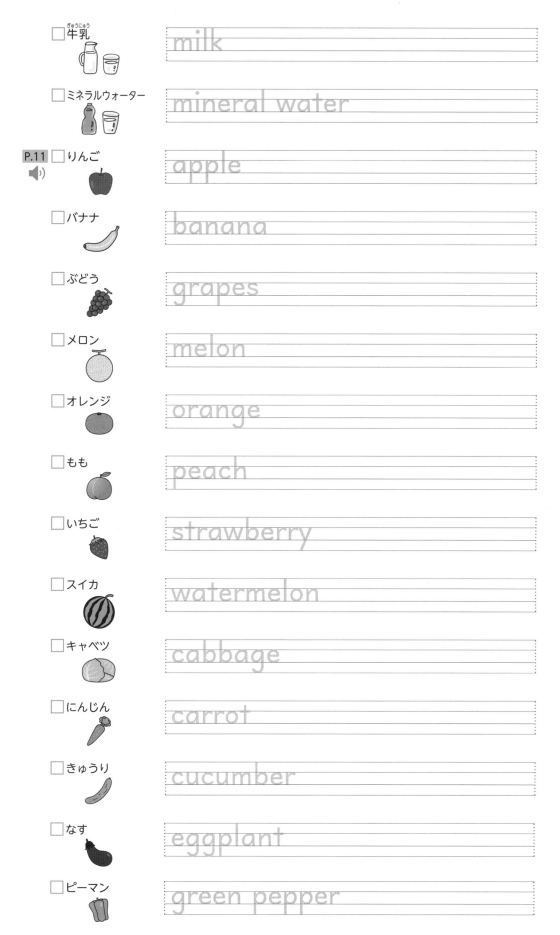

| | 英語 |
|---|---|
| ☐ たまねぎ  | onion |
| ☐ じゃがいも | potato |
| ☐ トマト | tomato |
| P.13 ☐ 野球 | baseball |
| ☐ ソフトボール | softball |
| ☐ バスケットボール | basketball |
| ☐ バレーボール | volleyball |
| ☐ ドッジボール | dodgeball |
| ☐ サッカー | soccer |
| ☐ テニス | tennis |
| ☐ 卓球 | table tennis |
| P.13 ☐ くま | bear |
| ☐ ぞう | elephant |
| ☐ さる | monkey |
| ☐ 馬 | horse |

20

| | | |
|---|---|---|
| □うさぎ  | rabbit | |
| □鳥 | bird | |
| □犬 | dog | |
| □ねこ | cat | |
| P.14 □ペン | pen | |
| □えんぴつ | pencil | |
| □のり | glue stick | |
| □はさみ | scissors | |
| □消しごむ | eraser | |
| □定規 | ruler | |
| □マーカー | marker | |
| □筆箱 | pencil case | |
| P.15 □(スポーツ)をする | play | |
| □歌う | sing | |
| □走る | run | |

| | | |
|---|---|---|
| ☐ おどる | dance | |
| ☐ ～に行く | go to | |
| ☐ 泳ぐ | swim | |
| P.16 🔊 ☐ 1 | one | |
| ☐ 2 | two | |
| ☐ 3 | three | |
| ☐ 4 | four | |
| ☐ 5 | five | |
| ☐ 6 | six | |
| ☐ 7 | seven | |
| ☐ 8 | eight | |
| ☐ 9 | nine | |
| ☐ 10 | ten | |
| ☐ 11 | eleven | |
| ☐ 12 | twelve | |
| ☐ 13 | thirteen | |
| ☐ 14 | fourteen | |
| ☐ 15 | fifteen | |
| ☐ 16 | sixteen | |

- [ ] 17    seventeen
- [ ] 18    eighteen
- [ ] 19    nineteen
- [ ] 20    twenty
- [ ] 21    twenty-one
- [ ] 22    twenty-two
- [ ] 23    twenty-three
- [ ] 24    twenty-four
- [ ] 25    twenty-five
- [ ] 26    twenty-six
- [ ] 27    twenty-seven
- [ ] 28    twenty-eight
- [ ] 29    twenty-nine

P.18

- [ ] 英語    English
- [ ] 国語（日本語）    Japanese
- [ ] 社会    social studies
- [ ] 算数    math
- [ ] 理科    science
- [ ] 音楽    music

| | | |
|---|---|---|
| ☐ 図工 | | arts and crafts |
| ☐ 体育 | | P.E. |
| P.28 ☐ おどること, ダンス | | dancing |
| ☐ 歌うこと | | singing |
| ☐ 泳ぐこと, 水泳 | | swimming |
| ☐ 料理(をすること) | | cooking |
| ☐ スキー(をすること) | | skiing |
| P.30 ☐ 1月 | | January |
| ☐ 2月 | | February |
| ☐ 3月 | | March |
| ☐ 4月 | | April |
| ☐ 5月 | | May |
| ☐ 6月 | | June |
| ☐ 7月 | | July |
| ☐ 8月 | | August |
| ☐ 9月 | | September |
| ☐ 10月 | | October |

| | | |
|---|---|---|
| ☐ 11月 | | November |
| ☐ 12月 | | December |
| P.34 ☐ アメリカ | | the U.S. [America] |
| ☐ オーストラリア | | Australia |
| ☐ カナダ | | Canada |
| ☐ フランス | | France |
| ☐ ドイツ | | Germany |
| ☐ イタリア | | Italy |
| ☐ 日本 | | Japan |
| ☐ イギリス | | the U.K. |
| P.46 ☐ 日曜日 | | Sunday |
| ☐ 月曜日 | | Monday |
| ☐ 火曜日 | | Tuesday |
| ☐ 水曜日 | | Wednesday |
| ☐ 木曜日 | | Thursday |

| | | |
|---|---|---|
| □金曜日 | | Friday |
| □土曜日 | | Saturday |
| P.50 □テレビを見る | | watch TV |
| □(自分の)宿題をする | | do my homework |
| □(自分の)部屋をそうじする | | clean my room |
| □テレビゲームをする | | play video games |
| □買い物に行く | | go shopping |
| □本を読む | | read books |
| P.56 □図書館 | | library |
| □博物館, 美術館 | | museum |
| □デパート | | department store |
| □城 | | castle |

26

| | | |
|---|---|---|
| □遊園地 |  | amusement park |
| □水族館 | | aquarium |
| □競技場 | | stadium |
| □動物園 | | zoo |
| P.58 □キャンプ | | camping |
| □つり | | fishing |
| □ハイキング | | hiking |
| □買い物 | | shopping |
| □サイクリング | | cycling |
| □走ること, ランニング | | running |
| P.60 □春 | | spring |
| □夏 | | summer |
| □秋 | | fall |
| □冬 | | winter |

| | | |
|---|---|---|
| ☐ ひな祭り | Dolls' Festival | |
| ☐ こどもの日 | Children's Day | |
| ☐ 七夕 | Star Festival | |
| ☐ ハロウィン | Halloween | |
| ☐ クリスマス | Christmas | |
| P.66 ☐ ～を楽しんだ | enjoyed | |
| ☐ (スポーツ)～をした | played | |
| ☐ ～を勉強した | studied | |
| ☐ ～を見た | watched | |
| ☐ ～を聞いた | listened to | |
| P.70 ☐ 修学旅行 | school trip | |
| ☐ 遠足 | field trip | |
| ☐ 合唱コンクール | chorus contest | |

| | | |
|---|---|---|
| ☐ 音楽会 | | music festival |
| ☐ 運動会 | | sports day |
| ☐ 夏休み | | summer vacation |
| ☐ 職場体験 | | career day |
| ☐ 水泳大会 | | swimming meet |
| P.74 ☐ 寺 | | temple |
| ☐ 神社 | | shrine |
| ☐ 橋 | | bridge |
| ☐ とう，タワー | | tower |
| P.76 ☐ とてもよい | | great |
| ☐ すてきな | | nice |
| ☐ すばらしい | | wonderful |
| ☐ わくわくさせる | | exciting |

| | | |
|---|---|---|
| ☐ おもしろい, 興味深い | interesting | |
| ☐ 楽しい | fun | |
| ☐ たいくつな, つまらない | boring | |
| P.80 🔊 ☐ 野球部 | baseball team | |
| ☐ バスケットボール部 | basketball team | |
| ☐ サッカー部 | soccer team | |
| ☐ テニス部 | tennis team | |
| ☐ 美術部 | art club | |
| ☐ 放送部 | broadcasting club | |
| ☐ 吹奏楽部 | brass band | |
| ☐ 合唱部 | chorus | |

30

| | | |
|---|---|---|
| ☐ 科学部 | | science club |
| P.86 ☐ 会社員 | | office worker |
| ☐ 医者 | | doctor |
| ☐ 看護師 | | nurse |
| ☐ 料理人 | | cook |
| ☐ 警察官 | | police officer |
| ☐ 教師 | | teacher |
| ☐ サッカー選手 | | soccer player |
| ☐ 野球選手 | | baseball player |
| P.88 ☐ 歌手 | | singer |
| ☐ 芸人 | | comedian |
| ☐ 獣医 | | vet |
| ☐ 消防士 | | fire fighter |
| ☐ プログラマー | | programmer |